8° Z
LE SENNE
11594

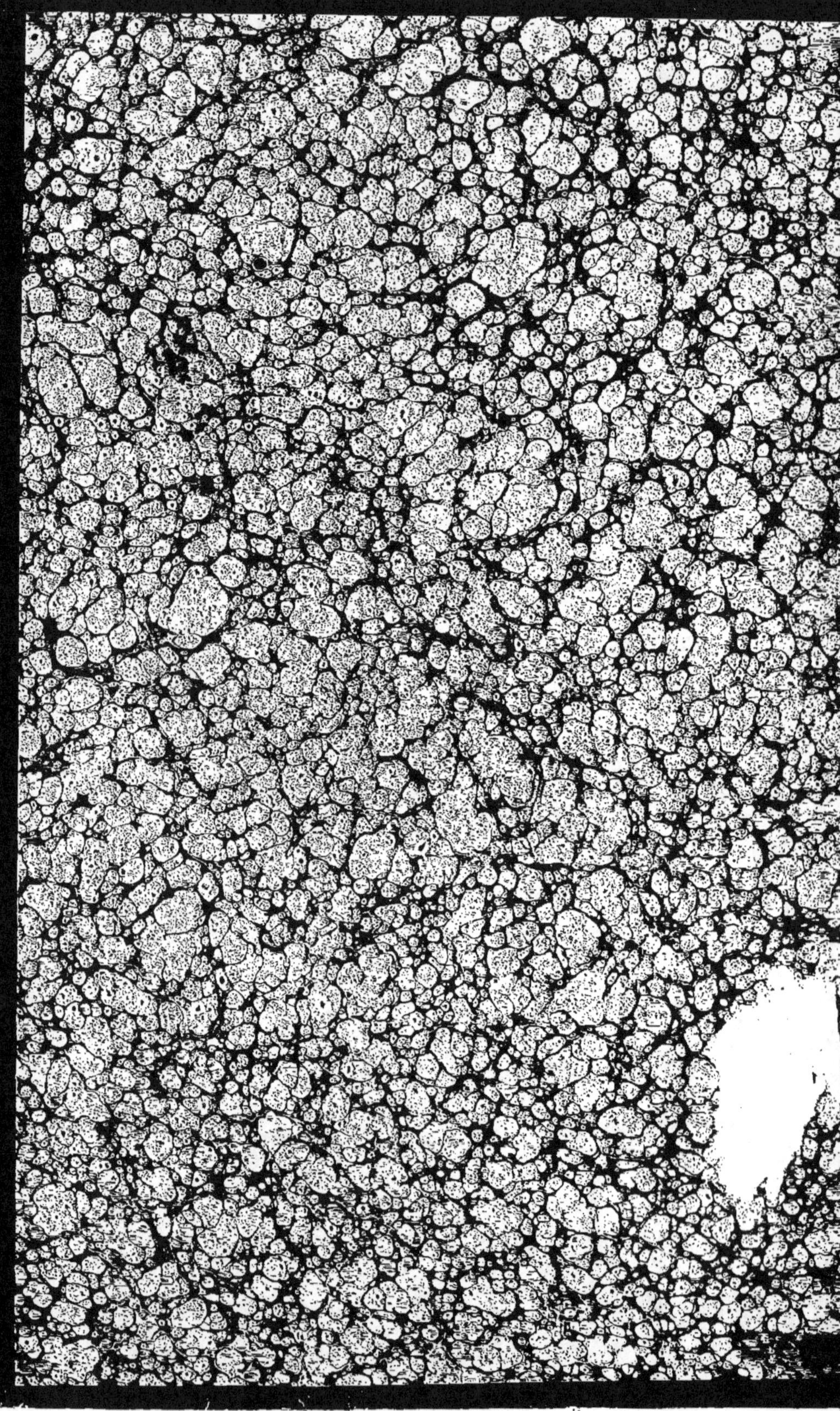

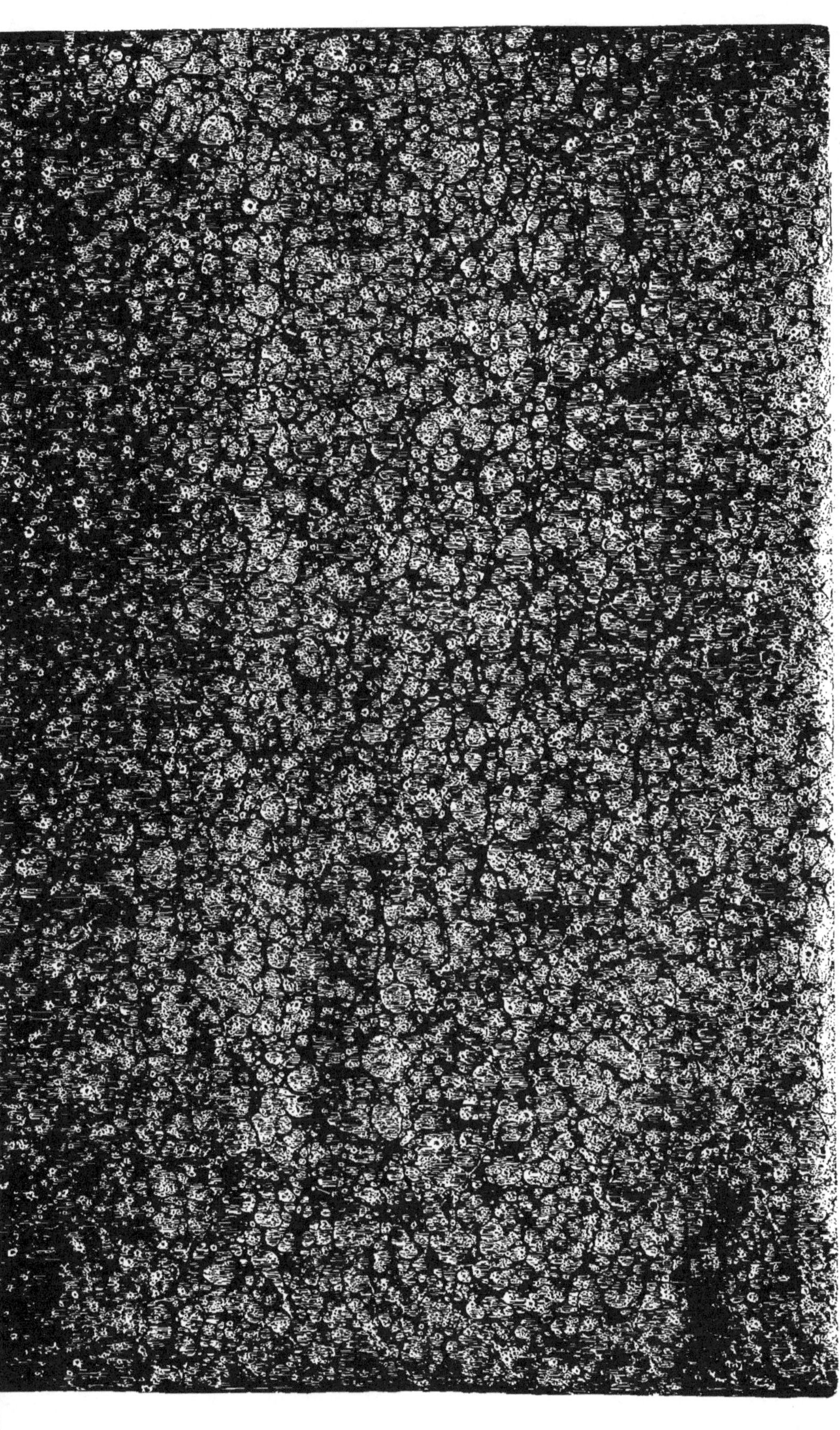

aus Paris ISI

8272

M. A. Blanche
conseiller d'état
hommage respectueux
Homberg

NOTICE

SUR

LES VOIES

EMPIERRÉES ET ASPHALTÉES

DE PARIS

PAR

M. HOMBERG,

INSPECTEUR GÉNÉRAL DES PONTS ET CHAUSSÉES.

PARIS.

DUNOD, ÉDITEUR,

SUCCESSEUR DE Vve DALMONT,

Précédemment Carilian-Gœury et Victor Dalmont,

LIBRAIRE DES CORPS IMPÉRIAUX DES PONTS ET CHAUSSÉES ET DES MINES,

Quai des Augustins, n° 49.

1865

NOTICE

SUR

LES VOIES

EMPIERRÉES ET ASPHALTÉES

DE PARIS

PAR

M. HOMBERG,

INSPECTEUR GÉNÉRAL DES PONTS ET CHAUSSÉES.

PARIS.

DUNOD, ÉDITEUR,

SUCCESSEUR DE Vᵛᵉ DALMONT,

Précédemment Carilian-Gœury et Victor Dalmont,

LIBRAIRE DES CORPS IMPÉRIAUX DES PONTS ET CHAUSSÉES ET DES MINES,

Quai des Augustins, n° 49.

1865

8° Z le Senne 11.591

Imprimé par E. Thunot et Ce, rue Racine, 26.

NOTICE

SUR

LES VOIES

EMPIERRÉES ET ASPHALTÉES

DE PARIS.

Attaché déjà depuis longtemps au service municipal de Paris, nous fûmes en 1855 spécialement chargé de toutes les voies publiques pavées et empierrées de la capitale ; mais notre service ne comprenait alors, outre la construction des voies nouvelles, que l'entretien des chaussées existantes. L'arrosement, le balayage et l'enlèvement des détritus estaient confiés au service de la salubrité, dépendant alors de la préfecture de police.

Cette division du service, qui n'avait pas eu de graves inconvénients tant que toutes les voies de Paris étaient pavées, devenait une source de difficultés depuis que l'empierrement avait remplacé le pavage sur toutes les grandes artères de la circulation.

Tous les ingénieurs savent, en effet, que le balayage et l'arrosement font partie intégrante de tout mode d'entretien d'une chaussée macadamisée. Aussi, en 1860, tout le service de la salubrité fut attribué à la préfecture de la Seine et confié aux ingénieurs. Ils eurent dès lors à pourvoir au nettoiement et à l'arrosement des voies publiques, en même temps qu'à leur entretien. A cette même époque, par suite de l'annexion des communes suburbaines à la ville de Paris, le service municipal des travaux publics fut modifié, et plusieurs voies furent distraites de la division qui nous était confiée pour être réunies au service des promenades et plantations. Cependant la plupart des voies de grande circulation de l'intérieur de Paris sont restées dans notre service, et nous avons eu depuis lors, non-seulement à pourvoir à leur entretien, mais encore à leur nettoyage et à leur arrosement. Nous crûmes alors devoir rédiger une notice résumant les méthodes d'entretien que l'expérience nous avait fait adopter pour les voies empierrées et faire connaître les résultats obtenus par l'emploi de ces méthodes.

Au moment où le service municipal des travaux publics va subir une nouvelle modification pour s'harmoniser avec les divisions des 20 nouveaux arrondissements, nous venons de rédiger une seconde notice faisant suite à celle de 1860 et rendant compte des résultats de ces cinq dernières années. Dans cette seconde notice, nous donnons des renseignements sur le balayage et l'arrosement dont nous n'avons pas eu à nous occuper précédemment, et en outre quelques détails sur les bitumes et les voies en asphalte comprimé qui commencent à prendre un assez grand développement et paraissent appelées à se substituer à l'empierrement, dont elles ont les principaux avantages sans présenter leurs inconvénients.

Ces deux notices ont été seulement autographiées à un petit nombre d'exemplaires et répandues dans le service municipal et parmi les membres du corps des ponts et chaussées qui, ayant sans cesse sous les yeux les voies de Paris, portent naturellement plus d'intérêt à ce qui les concerne.

Le bienveillant accueil qui a été fait à cette communication nous a fait penser qu'un résumé de ces deux notices pouvait trouver place dans les *Annales des ponts et chaussées* et intéresser nos camarades.

Si les voies de Paris se trouvent, par leur grande circulation, par les soins minutieux qu'elles exigent et par les dépenses qu'elles entraînent, dans une situation exceptionnelle, il y a cependant dans presque toutes les villes de l'empire des portions de route qui s'en rapprochent, sous le double rapport de la fréquentation et des exigences de leur entretien ; les résultats obtenus à Paris peuvent donc intéresser d'une manière spéciale un grand nombre d'ingénieurs.

Nous sommes loin de croire que nous ayons atteint la perfection et qu'il ne soit pas possible de faire beaucoup mieux que nous n'avons fait ; mais l'expérience que nous avons acquise peut guider nos camarades et les aider à se rapprocher plus rapidement du but à atteindre.

CHOIX DES MATÉRIAUX.

Beaucoup d'essais ont été faits, depuis quelques années, sur les voies empierrées de Paris, pour reconnaître les matériaux d'entretien qui pourraient donner les résultats les meilleurs et les plus économiques.

Des matériaux de différentes natures et de diverses provenances ont été employés avec persévérance, sur des chaussées analogues pour la situation et la fréquentation, et l'usure a été observée avec soin.

Les silex pyromaques, les meulières de qualités diverses, les quartzites et pétrosilex de l'Orne, du Calvados, de la Sarthe, de la Mayenne, des Ardennes, de Maubeuge, etc..., les trapps des Vosges et les porphyres de Voutré, de Montsur et du Nivernais ont été successivement employés. Si d'autres matériaux n'ont pas été essayés, c'est que les échantillons présentés offraient une similitude parfaite avec ceux précités et qu'ils n'auraient pu, vu leurs lieux d'extraction éloignés, être livrés à des prix inférieurs.

Le silex pyromaque, surtout lorsque chaque pierre présente des traces de cassage, donne à Paris, sur les chaussées peu fréquentées par de lourdes voitures, des résultats très-économiques; car, sur ces voies, il résiste presque autant que la meulière et coûte moitié à peu près; aussi cherche-t-on à en étendre l'emploi.

La meulière est et sera probablement toujours la pierre la plus employée à l'entretien des voies de Paris. Lorsqu'elle est bien choisie, elle résiste parfaitement à l'usure; le voisinage de Paris et l'abondance de ses lieux d'extraction, rendent l'approvisionnement facile, mais le choix de cette pierre présente de grandes difficultés. Les meulières poreuses ou vitrifiées ne valent rien pour l'entretien des chaussées, et dans presque toutes les carrières de meulières, la pierre compacte et homogène ne se trouve que par veines entrecoupées de meulières poreuses, friables ou trop calcaires; aussi a-t-on dû renoncer à se fournir dans les carrières les plus rapprochées de Paris, telles que Sèvres et Meudon. C'est sur le plateau de la Brie que se trouvent les meilleures carrières de meulières propres à nos chaussées; on peut prendre pour type les meulières compactes de Montgeron, Brunoy, les Bordes, etc..., encore se trouve-t-il, dans ces carrières, des bancs ou veines de meulières poreuses ou vitrifiées qu'il faut rejeter.

La meulière propre aux empierrements doit être blanche, compacte, faire peu d'effervescence avec l'acide chlorhydrique, et peser environ 1 600 kilogrammes le mètre cube.

Beaucoup de quartzites ont été essayés; plus ils sont recuits sans être toutefois vitrifiés, plus ils sont convenables : ceux qui se rapprochent des grès durs des environs de Paris s'égrènent promptement et doivent être écartés. Les chaussées de Paris sont soumises à une telle fréquentation de voitures rapides, que toutes les pierres qui composent l'empierrement subissent constamment une légère trépidation, se frottent l'une l'autre et se réduisent mutuellement en sablon si elles ont tendance à s'égrener. Les quartzites de May (Calvados), qui sont cependant des grès à grain fin et serré, lorsqu'ils ne sont pas des bancs les plus recuits, éprouvent cet effet ; des rechargements exécutés avec cette pierre ont paru résister parfaitement les premiers mois. Cependant, au bout de huit ou dix mois, on a trouvé une quantité considérable de sable, jusqu'au fond des chaussées, lorsqu'on les a tranchées, bien que l'on eût évité d'en mettre en faisant le rechargement.

Les quartzites employés qui ont donné les meilleurs résultats sont ceux de Montsur, Voutré et Maubeuge. $0^{m}.75$ à $0^{m}.80$ de ces pierres correspondaient à l'emploi de 1 mètre de très-bonne meulière. Les porphyres dont nous allons parler donnant des résultats supérieurs et ne revenant pas à Paris à un prix plus élevé, l'emploi des quartzites a été complétement abandonné ces dernières années.

Les basaltes, trapps et porphyres ayant éprouvé une fusion complète, sans aucune vitrification, ne s'égrènent pas comme les quartzites et ne se brisent pas comme les silex pyromaques ou le quartz hyalin. Toutefois les trapps et les basaltes sont souvent, dans les mêmes lieux d'extraction, de résistances très-diverses. Le trapp des Vosges, qui a été essayé à Paris (trapp de Raon) ne paraît être qu'un quartzite métamorphique ayant subi une recuite plus ou moins parfaite, et les diverses fournitures qui en ont été faites ont donné des résultats très-différents ; il en a même été fourni de qualité si inférieure qu'on n'a pu l'admettre que par assimilation à la meulière. Les porphyres de Voutré, de Montsur et du Morvan sont plus homogènes et d'une résistance plus uniforme ; aussi ont-ils donné plus constamment des résultats équivalents à ceux obtenus avec les meilleurs trapps de Raon. Les granites et les porphyres granitoïdes, tels que plusieurs de ceux du Nivernais, qui contiennent des cristaux de feldspath, ou de petites lames minces de mica, ne conviennent pas à beaucoup près autant ; car ils ont moins d'homogénéité et une tendance à se décomposer à l'air et à l'humidité.

Jusqu'à ce jour, ce sont donc les porphyres de Voutré, de Montsur et du Morvan qui ont été préférés aux autres roches dont nous venons de parler, et qui n'ont pu être offertes au service qu'à un prix supérieur ou au moins égal. Ce prix est de 30 francs environ le mètre cube, et comme il résulte des essais faits jusqu'à présent qu'il faut de $0^{m3}.70$ à $0^{m3}.75$ de ces pierres pour obtenir les résultats donnés par 1 mètre cube de bonne meulière, qui revient de 16 à 17 francs, l'emploi doit être limité aux chaussées des ponts et autres voies où les rechargements présentent le plus de gêne à la circulation, et où il convient de faire un sacrifice pour rendre ces rechargements moins fréquents.

Les mêmes natures de matériaux sont toujours employées sur les mêmes chaussées, toutes les voies ayant été classées, d'après le résultat de l'expérience, en trois catégories correspondantes aux trois natures de matériaux : silex, meulière et porphyre.

Comme nous l'avons dit, la meulière est toujours, dans la division centrale, la pierre la plus généralement employée; ainsi le cube total de pierre cassée consommée par an étant de 70 000 mètres environ.

	mèt. cubes.
Le cube de meulière est de.	47 000
Celui de porphyre de.	16 000
Et enfin celui de silex de.	7 000

Le plus grand nombre des voies où le silex peut être employé avec avantage est passé dans le service des promenades et plantations.

D'après les marchés en cours d'exécution,

	fr.
Le silex non cassé revient à.	6.15
Le silex cassé à.	8.20
La meulière à.	16.40
Le porphyre du Morvan à.	26.13
Et celui de Voutré à.	29.98

PRÉPARATION DES MATÉRIAUX.

Tous ceux qui se sont occupés des chaussées d'empierrement savent que les matériaux qu'on y emploie doivent être cassés régulièrement de manière à passer en tous sens dans un anneau de 0^{m}.06 *au plus* de diamètre ; mais tous n'attachent peut-être pas à cette condition une importance assez grande, et comme il est fort difficile d'obtenir cette régularité dans le cassage, on est porté à user de tolérance à cet égard. L'expérience de tous les jours, sur les chaussées de Paris, prouve que l'on ne peut mettre trop de soin à obtenir un cassage parfait des matériaux. L'uniformité de grosseur dans les pierres employées ensemble est indispensable pour obtenir des chaussées durables et résistantes. C'est à tort que l'on se figurait que les pierres étant de formes irrégulières, il pourrait être plus avantageux d'en avoir de plus petites pour remplir les interstices des plus grosses. Ces pierres irrégulières, de grosseurs à peu près uniformes, pilonnées ou roulées suffisamment, finissent par s'enchevêtrer l'une avec l'autre de manière à laisser très-peu de vide entre elles, et en recouvrant ensuite la surface de sable ou de détritus fortement arrosé et en pilonnant ou cylindrant de nouveau, ces vides se remplissent complétement. Alors, toutes les pierres offrant une résistance à peu près uniforme à l'écrasement, leur ensemble résiste beaucoup mieux que dans le mélange de matériaux de grosseur inégale ; mélange dans lequel les petites pierres sont promptement écrasées sous la pression des plus grosses.

On doit donc faire tous ses efforts pour obtenir un cassage aussi uniforme que possible, et lorsque les matériaux fournis sont de grosseur inégale, il y a avantage à séparer les grosses des plus petites par le triage, afin de les employer séparément, soit en différentes couches, sur une même chaussée, soit de préférence sur des chaussées différentes.

Ce que nous venons de dire sur l'utilité d'employer ensemble des pierres de grosseur uniforme, afin qu'elles opposent chacune une égale résistance, exclut d'un bon cassage les pierres longues qui ne présentent $0^m.05$ ou $0^m.06$ que sur une seule dimension et $0^m.02$ ou $0^m.03$ seulement sur les autres, ainsi que les pierres minces dites plaquettes qui ont $0^m.05$ à $0^m.06$ sur deux dimensions et à $0^m.02$ ou $0^m.03$ seulement d'épaisseur. Plusieurs carrières de meulières, celles de Piscoppe, par exemple, offrent des bancs feuilletés qui fournissent beaucoup de ces plaquettes. On doit exclure leurs produits des réceptions.

Les pierres composant la couche supérieure d'une chaussée d'empierrement résistent évidemment mieux à l'écrasement, lorsque les jantes des roues des voitures qui circulent sur cette chaussée portent toujours sur plusieurs pierres à la fois que lorsqu'elles ne portent que sur une seule. Il y a donc d'autant plus d'utilité à employer des pierres de petite dimension que les voitures circulant sur la chaussée où elles sont employées ont des jantes plus étroites. A Paris, les chaussées sont incessamment parcourues par des omnibus, des camions de messageries suspendus, et d'autres voitures lourdes et à marche rapide, dont les jantes n'ont que 5 à 8 centimètres de largeur; on ne doit donc y employer que les pierres pouvant passer en tous sens dans un anneau de $0^m.06$ de diamètre.

Les matériaux actuellement fournis dans les dépôts de la ville doivent tous remplir cette condition et ne doivent pas pouvoir passer dans un anneau de $0^m.02$. On tient sévèrement la main à l'observance de ces prescriptions ; mais dans les fournitures de ces matériaux, il se trouve toujours une grande quantité de pierres dont les plus grandes dimensions sont $0^m,03$ ou $0^m.04$.

D'après ce qui précède, on voit qu'il sera avantageux

de trier ces pierres dans les dépôts, de manière à séparer des pierres de $0^m.05$ à $0^m.06$ de grosseur de celles de $0^m.04$ à $0^m.03$. Pour cela on peut employer des trieuses mécaniques qui facilitent et abrégent ce travail. Le service municipal a déjà fait l'essai de plusieurs de ces trieuses ; celle qui a donné le meilleur résultat est la trieuse cylindrique employée au bois de Boulogne.

Le cassage des matériaux à la main, surtout celui des roches très-résistantes, telles que celles employées aux chaussées de Paris, étant une opération longue, onéreuse et qui exige beaucoup d'espace, on a cherché à la faire avec des machines mues à la vapeur.

Plusieurs machines à casser les pierres ont été expérimentées dans ces dernières années : celle qui a donné les meilleurs résultats est celle présentée par MM. Spincer et Clermontel (*fig*. 9 et 10, Pl. III), qui est en usage en Amérique et en Angleterre. Le mécanisme de cette machine est fort simple : il consiste en deux fortes mâchoires de fonte entre lesquelles la pierre descend par son poids et se trouve brisée par écrasement ; l'écartement du bas de ces mâchoires, inclinées l'une vers l'autre, détermine la grosseur des fragments, et cet écartement peut être réglé au moyen d'un coin mû par une vis. Le mouvement alternatif des mâchoires est obtenu par un volant servant au besoin de roue pour transporter la machine d'un lieu à un autre. Sur l'arbre de ce volant est un excentrique qui communique le mouvement à un système de leviers agissant sur une des mâchoires mobiles, ramenée toujours par un ressort à sa position initiale, l'autre mâchoire restant solidement fixée sur le bâti qui supporte tout l'appareil.

Cette machine est munie d'un appendice fort utile, à savoir : un tube cylindrique incliné, en tôle, percé de trois séries de trous circulaires ; le diamètre des trous de ces trois séries va en croissant depuis la sortie des mâchoires broyeuses, de manière à cribler et séparer les matériaux cassés à l'instar d'un véritable blutoir ; la machine donne ainsi trois sortes de produits qui se déposent sous le cylindre dans l'ordre suivant : de la poussière fine, de la pierraille ayant à peu près les dimensions du gros sable de rivière (de 0m.005 à 0m.02 de grosseur), enfin des pierres cassées à la grosseur voulue, grosseur qui peut varier, comme nous l'avons dit, suivant l'écartement des mâchoires et le diamètre des trous du crible.

En outre, il sort du blutoir, par son extrémité inférieure, des matériaux trop gros qui doivent être soumis de nouveau à l'action de la machine.

Une chaîne à godets, mue par la machine elle-même, peut reprendre ces matériaux pour les rejeter entre les mâchoires.

Cette machine a été expérimentée devant une commission nommée par le ministre : elle était mue par une machine locomobile de la force de 6 à 8 chevaux. Des expériences faites par cette commission, sur des quantités assez notables de matériaux et sur le cassage à la main de matériaux semblables, ont donné les résultats suivants :

La proportion du cube de la pierre cassée au cube avant cassage de la pierre brute, varie suivant la nature des matériaux et la forme des pierres, qui permet un emmétrage plus ou moins parfait, c'est-à-dire laissant plus ou moins de vide. Ainsi 1 mètre cube de pierre brute a produit :

	mèt.
Pour le porphyre.	0.723
Pour la meulière.	0,847
Pour le silex.	0.847
Pour de vieux pavés de porphyre.	0.900

Les vieux pavés, à cause de leur forme rectangulaire, sont une exception, et l'on doit compter en général sur 0m.780 de pierre cassée pour 1 mètre cube de pierre brute ; le cassage à la main a produit 0m.880.

Le déchet a été plus considérable dans le cassage à la

machine que dans celui à la main. En mettant de côté ce qui tient à l'emmétrage des pierres brutes, on a obtenu 3m.86 de déchet (pierraille et poussière) pour 16m.93 de pierre bien cassée, ou environ 1/5 de déchet, tandis que, dans le cassage à main d'homme, on n'a eu que 1m.38 de déchet pour 6m.75, soit environ 1/6; mais il faut remarquer que, dans la machine, il y a moins de poussière et plus de pierraille que dans le cassage à la main. Or cette pierraille peut trouver un utile emploi dans la confection et l'entretien des chaussées.

Dans le cassage à la machine, on a obtenu 3m.11 de pierraille pour 0.75 de poussière, c'est-à-dire 1/5 environ seulement de déchet en poussière, tandis que, dans le cassage à la main, cette poussière forme plus de 1/3 du déchet : ces proportions, d'ailleurs, entre ces deux natures de déchet varient d'une manière notable avec la nature des matériaux cassés.

Le résultat du cassage à la machine est moins bon que celui du cassage à la main, les fragments sont moins cubiques et il s'en trouve un plus grand nombre en forme d'aiguilles ou de plaquettes; mais cet inconvénient est compensé par une plus grande pureté des matériaux, qui sont débarrassés en grande partie du bouzin et parties terreuses qui recouvrent souvent les pierres brutes.

Quant aux résultats économiques de l'emploi de cette machine, voici comment on peut les établir :

		fr.
Une machine complète, avec son trieur, etc., peut être évaluée pour prix d'acquisition à.		5 000.00
Une locomobile de la force de 5 à 6 chevaux, peut être évaluée pour prix d'acquisition à.		5 000.00
Soit.		10 000.00

	fr.	
Il faut compter pour intérêt et amortissement de cette somme.	1 500	3 000.00
L'entretien et les réparations de la machine peuvent s'évaluer à	1 500	

Admettant pour l'année 300 jours de travail, on a donc de	fr.
dépense générale par jour.	10.00
Un chauffeur 5 francs, et un mécanicien 6 francs.	11.00
5 manœuvres pour le service à 3f.50 l'un.	17.50
240 kilog. de charbon de terre à 5 francs les 100 kilog. . .	12.00
Total de dépense par jour.	50.50

Le cassage de 20 mètres par jour, travail que peut faire cette machine, fait revenir le mètre cube à 2f.52 ; le cassage à la main est payé à nos entrepreneurs, déduction faite du rabais, 5f.05.

L'économie, en supposant une marche constante et régulière, serait de 50 p. 100 ; mais il faut reconnaître qu'en pratique on a bien rarement cette régularité et cette constance, sur un même lieu, du cassage de matériaux. L'économie indiquée théoriquement ci-dessus sera donc loin d'être réalisée dans la pratique, car il faudra prélever le bénéfice des inventeurs et couvrir les frais de transport, soit des pierres pour les amener à la machine, soit de la machine sur les divers lieux du cassage, enfin supporter en pure perte les frais généraux lorsque la machine ne travaillera pas.

EMPLOI DES MATÉRIAUX.

Les diverses méthodes d'entretien des chaussées empierrées ont été l'objet de tant d'études et de publications d'ingénieurs distingués, et sont aujourd'hui si bien connues, qu'il nous serait superflu de les exposer avec détail dans la présente note qui n'a pour objet que les voies empierrées de Paris, dont les conditions d'établissement, d'aération et surtout de fréquentation sont à peu près exceptionnelles. Nous nous bornerons à exposer : 1° les difficultés particulières que présente l'entretien de ces voies ; 2° les méthodes et soins particuliers que l'expérience a indiqués jusqu'à ce jour, comme les plus propres à vaincre ces difficulté et à procurer l'entretien le meilleur et le plus économique. Nous sommes convaincu que l'expérience apportera des modifications heureuses au mode actuel d'entretien des voies de Paris, et que sous les efforts persévérants des ingénieurs qui sont chargés de ce service, les méthodes se perfectionneront. Mais, pour cela même, il est utile de résumer les résultats de l'expérience déjà acquise en faisant connaître les essais qui ont été faits, et le mode d'entretien qui, jusqu'à ce jour, a paru le mieux approprié aux besoins des empierrements de la capitale.

Les difficultés particulières que présente l'entretien des empierrements de Paris viennent principalement :

1° De l'excessive fréquentation de ces voies;

2° De leur manque d'aération.

1° Ainsi qu'on le voit sur les renseignements statistiques qui terminent cette note, le nombre des voitures qui circulent sur les chaussées empierrées de Paris est hors de toute proportion avec le nombre des colliers que les routes les plus fréquentées de France ont à supporter (*fig.* 1 à 10, Pl. 112). A la vérité, beaucoup sont des voitures de luxe légères qui usent peu les empierrements; cependant le nombre des véhicules dangereux pour la bonne conservation des chaussées est bien plus considérable que l'on ne pourrait croire au premier abord.

Sur 55 900 chevaux qui circulaient dans Paris en 1858 (*), 24 500 seulement étaient attelés à des voitures bourgeoises, de remise ou de place, et le surplus, ou 31 400, traînaient des voitures d'omnibus, de messageries, de roulage, de cultivateurs ou de matériaux. Peu de voitures, peut-être, sont aussi nuisibles aux empierrements que les omnibus : ces voitures, traînées par deux chevaux et marchant avec

(*) 1858, époque où le recensement des chevaux affectés aux divers services a été fait exactement. Il a beaucoup augmenté depuis, mais n'a pas été constaté. (Voir le tableau statistique.)

vitesse, portent 26 personnes et ont des jantes de $0^m.05$ à $0^m.06$ de largeur ; elles s'arrêtent fréquemment, et en repartant les chevaux exercent, pour vaincre l'inertie, un effet très-nuisible pour les empierrements. La longueur moyenne desservie par chaque omnibus est de 6 500 mètres, et chaque omnibus fait 14 à 15 voyages par jour, c'est-à-dire 91 kilomètres; or presque toutes les lignes d'omnibus suivent les voies empierrées. Ces voies sont donc parcourues très-fréquemment par ces voitures; sur le pont Neuf, par exemple, il y a environ 1 000 passages d'omnibus par jour. Les voitures qui transportent les matériaux de construction sont très-nombreuses depuis quelques années; n'ayant à parcourir dans Paris que des voies bien entretenues et à pentes douces, elles sont souvent chargées outre mesure. Enfin, les camions suspendus, qui font à grande vitesse la messagerie des chemins de fer, se multiplient beaucoup dans Paris et sont excessivement nuisibles aux empierrements, car leurs roues n'ont que $0^m.60$ de diamètre et $0^m.06$ à $0^m.07$ de largeur de jantes, et ils portent jusqu'à 3 500 kilogrammes.

Il est en outre une considération essentielle, sur laquelle nous devons insister, c'est qu'à l'intérieur de Paris, à l'opposé de ce qui se passe sur les promenades dans les environs et même sur les routes des départements, la circulation augmente dans une proportion considérable par le mauvais temps, alors que l'usure est incomparablement plus rapide; ainsi dans les journées de dégel notamment, les chaussées se couvrent de voitures qui y produisent l'effet le plus désastreux.

Si l'excessive fréquentation des voies de Paris produit, comme nous venons de le dire, d'incessantes dégradations sur les chaussées, elle rend, d'un autre côté, très-difficile la réparation de ces dégradations. Vu cette grande fréquentation, l'administration municipale a désiré, avec raison, que le gros travail d'entretien s'effectuât rapidement pendant les premières heures de la journée, et que sur les voies importantes, les quais, les ponts, les boulevards, la rue de Rivoli, etc., etc., aucune partie de la chaussée ne se trouvât, au delà de dix à onze heures, interdite à la grande circulation qui s'établit à cette heure du matin. Ces exigences, plus ou moins absolues suivant les lieux, soulèvent des difficultés dont il faut tenir compte. L'apport des matériaux en temps opportun n'est pas la moindre de ces difficultés, car il est impossible que les matériaux soient approvisionnés à l'avance; il faut donc les tirer avant le jour de dépôts situés aux extrémités de la ville, et les faire parvenir à temps sur les lieux d'emploi, pour que le répandage puisse y être fait avec tout le soin désirable avant l'heure fixée. Passé cette heure, les cantonniers sans cesse dérangés par les voitures, exposés à des accidents, travaillent difficilement. Quelque soin que l'on ait mis au rechargement des flaches, ces rechargements, avant leur prise, sont souvent bouleversés et les pierres éparpillées sur la chaussée, et avant que le cantonnier ait pu rétablir l'emploi, une grande partie de ces matériaux sont écrasés par de nouvelles voitures.

2° Le manque d'une aération suffisante est aussi une grande difficulté d'entretien. On sait l'effet des plantations trop serrées sur les routes, et l'on comprend ce que doit être celui de maisons élevées; les quais de la rive gauche voient à peine le soleil l'hiver, et leur voisinage de la Seine contribue à y entretenir une humidité permanente. On peut voir par les tableaux statistiques que les chaussées de certaines rues étroites coûtent fort cher d'entretien, relativement à leur peu de fréquentation. Dans ces rues peu de maisons encore écoulent leurs eaux directement à l'égout, en sorte que les ruisseaux qui bordent les chaussées sont toujours pleins d'eau, que les roues des voitures ramènent incessamment sur l'empierrement.

On comprend qu'en présence des difficultés que nous venons d'exposer, et qui ne se présentent pas également sur toutes les chaussées de Paris, des exigences plus ou moins absolues, suivant les lieux, des largeurs très-inégales des chaussées et de circulation très-variable, il ne peut convenir d'adopter et d'appliquer partout indifféremment un mode d'entretien uniforme.

Il est très-généralement reconnu aujourd'hui que les méthodes d'entretien qui conviennent dans certaines localités et avec certains matériaux, ne s'appliquent pas également bien dans d'autres conditions de sous-sol, de fréquentation, d'aération, etc., et avec des matériaux de natures diverses; or nous venons de montrer combien les voies de Paris diffèrent les unes des autres sous ces rapports, et nous avons exposé précédemment les considérations qui doivent déterminer l'emploi de matériaux de natures très-diverses.

Depuis la création des voies empierrées dans Paris, tous les ingénieurs qui ont été chargés de leur entretien ont fait tous leurs efforts pour y appliquer les méthodes les plus convenables et perfectionner ces méthodes en les appropriant à la situation toute particulière de ces voies, de manière à obtenir en même temps économie et bonne viabilité.

Pendant les premières années, on a généralement suivi la méthode des rechargements partiels dite du *point à temps;* on employait des silex cailloux bruts à 6 francs, des silex cailloux cassés à 8 francs, de la meulière des environs de Paris, Buc, Versailles, Verrières, à 16 francs, et de la meulière de Montgeron à 17 ou 18 francs. Ces matériaux devaient passer par l'anneau $0^{m}.06$, mais on apportait une grande tolérance à ce cassage; les emplois étaient faits avec le plus grand soin et en se conformant autant qu'il était possible à toutes les prescriptions de l'administration; les flaches étaient nettoyées et piquées, autant que le permettait l'active circulation, qui apportait souvent à ce travail un obstacle presque absolu; l'apport des matériaux et leur emploi se faisaient à toute heure de la journée, ce qui causait souvent de grands embarras à la circulation. On avait été obligé de restreindre l'emploi du silex aux voies peu fréquentées par de lourdes voitures, et l'on réservait la meulière de Montgeron pour les voies les plus fréquentées. Dans ces conditions, le prix moyen de l'entretien revenait à 2f.31 le mètre quarré. Les chaussées étaient maintenues dans un état de viabilité assez satisfaisant ; mais la meulière poreuse des environs de Versailles et Buc, s'écrasant rapidement et retenant d'ailleurs toujours une quantité plus ou moins considérable de terres glaiseuses, au sein desquelles elle est extraite, fournissait une boue grasse et abondante. De plus, quel que fût le soin apporté aux rechargements partiels, ils formaient presque toujours une bosse sur le profil général des chaussées, qui restaient ondulées. Les premiers perfectionnements ont consisté : 1° dans l'exclusion de la meulière de qualité inférieure, à laquelle on a partout substitué la meulière compacte du plateau de la Brie, de qualité équivalente à celle de Montgeron, et 2° dans une exigence plus grande relativement au cassage ; toutes les pierres ont dû satisfaire rigoureusement à la condition de passer en tous sens dans l'anneau de 0m.06 de diamètre ; on a exigé aussi qu'elles fussent complétement purgées de terres glaiseuses.

Les empierrements se sont promptement ressentis de cette amélioration dans les matériaux employés à leur entretien ; mais le mode d'entretien par petits rechargements partiels, que l'on ne pouvait cylindrer et qui ne faisaient prise que sous les roues des voitures, laissait toujours beaucoup à désirer. Sous l'active circulation des voies de Paris, l'usure est rapide, et ces rechargements devaient être très-multipliés, si l'on voulait ne pas laisser s'amaigrir l'empierrement. De plus il fallait, pour restituer incessamment à la chaussée son épaisseur primitive, donner à chaque rechargement une hauteur supérieure aux parties environnantes déjà usées, et l'on arrivait ainsi à avoir une bosse, au lieu de la flache réparée ; on ne pouvait donc obtenir que des chaussées inégales et sans cesse parsemées de rechargements non liés qui faisaient prise, il est vrai, très-rapidement sous le passage incessant des roues des voitures, mais non cependant sans fatiguer beaucoup les chevaux attelés à ces voitures. De plus, avec ce système, il était impossible sur les voies très-fréquentées de faire tous les emplois avec le soin qu'ils réclament dans les premières heures de la journée; il fallait répandre des matériaux, même au milieu de la circulation la plus active; ce qui ne pouvait avoir lieu sans exposer les ouvriers à perdre inutilement beaucoup de matériaux qui s'éparpillaient et que les cantonniers ne pouvaient à temps ramener à l'emploi, et surtout sans apporter une grande gêne à la circulation (*).

On a donc pris le parti d'entretenir les chaussées très-fréquentées et d'une largeur suffisante par la méthode dite *des aménagements*, c'est-à-dire qu'on laisse l'empierrement de ces chaussées s'user et s'amaigrir, en se bornant à entretenir l'uni de leur surface en comblant les flaches par faibles rechargements, qui ne dépassent pas le niveau du profil général.

Lorsque la chaussée est usée uniformément de 0m.10 à 0m.12 seulement, on procède à son rechargement; l'expérience a appris qu'il est avantageux de ne pas attendre que les chaussées soient très-usées pour procéder à cette opération, et que les rechargements de 0m.08 à 0m.10 sont préférables à ceux dont l'épaisseur dépasse 0m.12; à la vérité il faut plus fréquemment faire éprouver à la circulation la gêne inévitable qu'entraîne toujours cette opération; mais ces minces rechargements, quand ils sont faits avec soin,

(*) On a essayé sur quelques voies de Paris la méthode des emplois bétons, dont M. l'ingénieur en chef Monnet a obtenu de si remarquables résultats dans le Jura; mais l'impossibilité de faire le béton sur place, et surtout l'impossibilité aussi grande de laisser les emplois faire prise, avant de les livrer à la circulation, a dû y faire renoncer.

font très-rapidement prise sous l'action du rouleau, et la gêne est d'une durée bien moins grande.

La méthode des rechargements généraux, il est vrai, a deux inconvénients : on y passe constamment d'un bombement insuffisant à un bombement un peu exagéré sans s'arrêter au profil normal, à celui qui conviendrait le mieux à la largeur de la chaussée.

Quoi qu'on fasse d'ailleurs, en ne cylindrant que par demi-largeur de chaussée et en travaillant de nuit, il n'en existe pas moins pendant plusieurs jours une grande gêne pour la circulation, mais on peut choisir pour cette opération les époques de l'année où la circulation est la moins active.

Les deux inconvénients que nous venons d'exposer sont largement compensés par l'avantage d'avoir pendant longtemps, après chaque cylindrage, une chaussée très-unie et très-régulière qui n'exige que des réparations presque insignifiantes. Cette méthode, d'ailleurs, économise beaucoup les matériaux qui sont ainsi presque tous employés utilement. Les précautions à prendre pour que ces rechargements réussissent bien sont :

1° De ne les entreprendre qu'en temps humide ou s'il fait sec, après avoir, dès la veille, abondamment arrosé la chaussée, afin que la couche de matériaux neufs se lie avec l'ancienne chaussée. Un léger piquage de cette chaussée qui s'exécute généralement pendant la nuit contribue beaucoup à établir cette liaison.

2° La couche de matériaux neufs ayant été répandue avec soin, sans addition d'aucun détritus, on l'arrose et on la cylindre à plusieurs reprises, jusqu'à ce que les matériaux soient bien pressés et serrés les uns contre les autres ; alors on répand uniformément sur toute la surface du sable ou des détritus, convenablement choisis et arrosés abondamment, en cylindrant de nouveau pour faire pénétrer ces matières d'agrégation dans tous les vides. Il importe beaucoup de ne pas mettre trop de ces matières, et pour cela on doit les répandre à plusieurs fois et à mesure qu'elles pénètrent dans la couche du rechargement. Enfin, il est fort important, pour les chaussées qui ne sont pas bordées de larges revers pavés, de n'entreprendre le rechargement sur la deuxième moitié de la chaussée que lorsque la première moitié est complétement prise et peut sans inconvénient être livrée à la circulation.

Pour les chaussées étroites ou même de moyenne largeur, mais très-fréquentées, la méthode des rechargements par demi-largeur des chaussées n'étant pas possible, voici comment on procède à l'entretien de l'empierrement. Les matériaux, pour les raisons données déjà, arrivent des dépôts aux lieux d'emploi presque en même temps que les cantonniers. On ne peut abandonner ces matériaux ni sur la chaussée ni sur les trottoirs ; ils doivent donc être répandus immédiatement, et par conséquent le piquage préalable des flaches est impossible. Tout ce que les cantonniers peuvent faire est d'en marquer le contour, de les balayer ou les arroser suivant le besoin. Lorsque ensuite les matériaux sont répandus, on ne les abandonne pas à eux-mêmes ; ils sont d'abord retroussés sur $0^{m}.30$ environ de largeur pour permettre le piquage du contour des flaches ; puis après cette opération et le rabattement, on pilonne l'emploi fortement à la circonférence, moins énergiquement au milieu ; on arrose et l'on fait un premier et léger sablage ; même pendant ces mains-d'œuvre les voitures circulent librement, et quand elles sont terminées, les cantonniers n'ont plus qu'à venir de temps en temps effacer le frayé avec le pilon, puis arroser et sabler modérément au fur et à mesure que les matériaux se serrent et font prise. Par ce procédé sur les voies fréquentées, il suffit de quelques heures pour que la prise soit complète ; sur les voies peu fréquentées on suit le même système, à cette seule différence près qu'on pique la surface des flaches aussi complétement que l'heure d'arrivée des matériaux et les exigences de la circulation le permettent.

La même méthode est également mise en pratique sur les voies larges pour entretenir l'uni de leur surface entre les rechargements périodiques dont nous avons parlé.

On emploie en général, comme matière d'agrégation, le sable obtenu en lavant dans les ruisseaux les boues des chaussées, et comme ce détritus ne fait jamais défaut et qu'il y en a toujours à pied d'œuvre plus qu'il n'est nécessaire, il est difficile d'empêcher les ouvriers d'en employer plus qu'il ne conviendrait. Quand il en a été introduit ainsi en excès dans un rechargement, on fait passer sur cette chaussée, après sa prise complète, des tonneaux d'arrosement et on la noie d'eau; alors quelques tours de cylindre suffisent pour faire sortir à l'état de boue liquide tout l'excès de détritus. *On fait suer la chaussée*, comme disent les ouvriers, et il n'y reste que juste la quantité de détritus nécessaire pour remplir exactement les vides existant entre les pierres qui se touchent toutes. On obtient ainsi à peu de frais une excellente chaussée. Ce mode d'opérer, qui économise beaucoup les frais de cylindrage et le temps pour la prise des chaussées, a le grave inconvénient de produire, à un moment donné, une boue considérable; aussi doit-on le proscrire sur les voies de grande circulation, et nous n'en autorisons l'emploi que sur les voies peu fréquentées et à la condition de faire le lavage la nuit ou le matin de très-bonne heure.

Le lavage à grande eau des voies empierrées s'exécute aussi avec avantage, mais cependant avec quelques modifications dans une autre circonstance. Lorsque, après une sécheresse un peu prolongée, les chaussées sont couvertes d'une couche épaisse de poussière durcie par l'effet des arrosements successifs et de la grande fréquentation, le balai n'a plus d'action sur cette croûte; alors s'il survient au milieu du jour une pluie abondante, la voie se couvre d'une grande quantité de boue dont on ne peut la débarrasser au milieu des voitures qui sillonnent la chaussée, et l'on est obligé de la laisser jusqu'à la nuit; si au contraire il survient une pluie fine ou un brouillard épais, cette croûte terreuse se transforme en boue grasse qui s'attache aux roues et cause l'arrachement des matériaux. Il y a donc un grand avantage à prévenir ces deux éventualités; on y parvient en arrosant, le matin de bonne heure et avant d'être gêné par la circulation, cette quantité de détritus par un lavage abondant. On fait, pour cela, dans la première heure, passer des tonneaux d'arrosement sur la chaussée et on la couvre d'eau, mais on n'attend pas alors que cette eau pénètre dans l'empierrement et on la balaye immédiatement avec la boue liquide dans les ruisseaux, où l'on sépare le sable des matières légères qui le tiennent en suspension pour le recueillir et le faire enlever. On emploie en moyenne par jour, pour cet enlèvement, 56 voitures qui transportent aux décharges publiques 225 mètres cubes. Le cube de détritus et de boue enlevée par an est donc environ de 82 125 mètres cubes.

Le lavage des boues dans les caniveaux est une des opérations les plus difficiles et les plus onéreuses de l'entretien en bon état de propreté et de viabilité des voies empierrées de Paris.

Si l'on pouvait pousser immédiatement aux bouches d'égout les boues balayées sur nos chaussées, leur entretien en bon état de propreté ne présenterait que peu de difficulté; mais cette boue contient une si grande quantité de crottin de cheval et de détritus légers que le sable fin provenant de l'usure de nos matériaux y reste indéfiniment en suspension et ne se sépare pas, même par un dépôt de 24 heures. Toutefois, dès que cette boue liquide se trouve soumise à l'eau courante, les matières légères sont entraînées et le sable se dépose. C'est ce qui arrive inévitablement dès qu'elle est projetée sur le radier à faible pente des égouts, où elle détermine des ensablements qui ne permettent plus d'opérer le curage des galeries souterraines par les moyens ordinaires des chasses et des wagons-vannes, et exigent un travail considérable pour leur extraction. De là, nécessité de séparer le sable de la boue avant son écoulement aux égouts. Cette séparation s'opère dans les ruisseaux, où la boue est d'abord balayée et ensuite agitée et triturée sous le courant de l'eau pure qui sort des bouches sous trottoir.

Ce lavage des boues, très-désagréable aux piétons qui fréquentent les voies publiques, doit être fait le matin de bonne heure, et c'est pour atteindre ce but que le lavage des chaussées, que l'on peut faire à son jour et à son heure, est très-utile à Paris. Lorsque l'opération a été bien faite, toutes les pierres du macadam apparaissent comme une mosaïque, la chaussée est dure et sonore et elle peut être livrée à une grande circulation de voitures et recevoir une pluie abondante sans se couvrir de boue.

BALAYAGE.

Le lavage des chaussées empierrées de Paris est, comme on le voit, non-seulement nécessaire pour enlever la boue formée par la pluie, mais est employé aussi comme mode d'entretien. Le balayage, sur des voies aussi larges et aussi fréquentées, présente des difficultés spéciales et a dû appeler l'attention des ingénieurs. D'abord on a substitué avec grand avantage les balais de piazzava (espèce de jonc d'Amérique) aux simples balais de bouleau ou de bruyère ; ces balais coûtent beaucoup plus cher, mais durent beaucoup plus longtemps et font le travail mieux et plus vite ; en sorte que leur emploi n'entraîne pas un excédant notable de dépense ; d'ailleurs la rapidité et la perfection du travail ont un intérêt tel qu'il doit passer avant toute autre considération.

Beaucoup d'essais ont été tentés depuis une dizaine d'années pour substituer le balayage mécanique au balayage à la main, et un grand nombre de machines balayeuses ont été essayées. L'emploi de ces machines sur les voies de Paris présente des difficultés générales qui en restreindront toujours l'emploi, quelque bonnes d'ailleurs que soient les machines en elles-mêmes :

1° Ces machines ne peuvent être remisées que dans les dépôts éloignés du centre de la ville et des voies où elles doivent être employées.

2° Des chevaux sont nécessaires pour les mettre en action.

3° Enfin, pour qu'elles fonctionnent convenablement, il faut que leur marche ait une régularité que l'on ne peut obtenir sur des voies très-fréquentées, où l'on est forcé à tout instant de s'arrêter ou de se détourner pour éviter les autres véhicules.

Il est donc impossible d'avoir ces machines à sa disposition et prêtes à fonctionner au moment même et, le plus souvent, au moment imprévu où le besoin de s'en servir se manifeste ; enfin on ne peut les employer efficacement, sur le plus grand nombre des voies, que la nuit ou le matin de très-bonne heure. Ces inconvénients, joints à ceux que présentaient les diverses machines essayées les années précédentes, ont empêché jusqu'alors de les utiliser. Cependant, depuis quelques mois, on emploie avec avantage une balayeuse mécanique inventée par M. Tailfer et qui fonctionne d'une manière très-satisfaisante (*fig.* 4 à 8, Pl. III).

Cette balayeuse, traînée par un seul cheval et conduite par un homme placé sur un siége, occupe peu d'espace sur les chaussées et fait à elle seule l'ouvrage de 8 à 10 ouvriers balayeurs.

Le balai, cylindrique et rotatif, placé obliquement derrière les roues, balaye la boue et la dispose en cordon sur le côté de son parcours ; en sorte qu'en échelonnant, à peu de distance l'une de l'autre, un certain nombre de ces balayeuses entre l'axe de la chaussée et le ruisseau, on peut, en fort peu de temps, ramener toute la boue qui couvre la moitié de la chaussé, dans le caniveau, le long de la bordure, où les cantonniers procèdent immédiatement à son lavage et à l'enlèvement des détritus.

Pour que cette machine fonctionne avec le plus d'avantage, il faut que la boue soit très-délayée; aussi lorsque les chaussées sont couvertes d'une boue grasse et épaisse, doit-on les arroser un peu avant le passage des balayeuses. Si l'on veut s'en servir pour balayer la poussière en temps de sécheresse, il faut faire immédiatement avant un arrosement très-léger; autrement elle soulève un nuage de poussière intolérable.

Les balais rotatifs, placés derrière les roues, ont une longueur de $1^{m}.70$; mais, à cause de leur obliquité, la zone balayée n'a pas plus de $1^{m}.20$ de largeur.

Pour se rendre compte de l'avantage économique de l'emploi de ces machines, des essais comparatifs ont été faits avec grand soin par les ingénieurs du service, et voici les principaux résultats auxquels ils ont conduit :

Un homme, avec un balai de piazzava, balaye en une heure, sans mettre en tas la boue, 600 mètres quarrés sur un sol empierré, sec, légèrement arrosé ; 400 mètres quarrés sur un sol couvert de boue liquide; 300 mètres quarrés seulement si la boue est grasse. Sur un sol pavé, il balaye de 500 à 700 mètres superficiels.

La machine de M. Tailfer fait le travail de sept hommes sur un sol sec légèrement arrosé ; de dix hommes sur un sol couvert de boue liquide; de douze hommes sur un sol couvert de boue grasse; mais, dans ce dernier cas, son travail est imparfait. D'après ces résultats, en tenant compte de toutes les dépenses qu'exige la machine, compris l'intérêt de son prix d'acquisition, l'amortissement de ce prix, les réparations, frais de remisage, etc., le travail fait par elle revient sensiblement au même prix que celui fait à la main, mais il s'exécute beaucoup plus rapidement.

L'emploi de ces machines rend donc de bons services en

abrégeant le nettoiement des chaussées avant l'heure où la grande circulation s'y établit, mais il ne dispense pas du balayage à la main dans un grand nombre de cas où cette opération devient inopinément nécessaire. D'ailleurs ces machines ne font que pousser la boue dans les caniveaux, où il faut toujours procéder à son lavage, opération désagréable et dispendieuse. Une machine balayeuse ne serait vraiment très-utile à Paris que si, après avoir ramassé la boue en tas ou en cordon, elle pouvait en débarrasser immédiatement la voie publique. M. Jeauneau, conducteur des ponts et chaussées, que la mort vient malheureusement de frapper, a étudié une machine de son invention qui s'attelle à un tombereau spécial, dans lequel elle rejette la boue liquide, et ce tombereau est disposé de manière que le lavage de cette boue s'y opère de lui-même ; de telle sorte que le sable tombant au fond, et l'eau chargée seulement de légers détritus restant à la surface, on pourrait écouler cette eau dans les bouches d'égout dès que le tombereau serait plein de sable, ainsi lavé, on le remplacerait par un autre vide, et on le conduirait aux décharges publiques ou sur les lieux où on pourrait employer ce sable utilement. Plusieurs essais de cette machine avaient déjà été faits, et après quelques perfectionnements dont s'occupait l'inventeur, on pouvait espérer obtenir de cet engin des résultats satisfaisants (*).

(*) Bien que la présente notice ne traite que des voies empierrées, on sera peut-être bien aise d'y trouver quelques renseignements sur le nettoiement des voies pavées de notre service.

Ce nettoiement se fait par des cantonniers et auxiliaires *ad hoc* et sous la surveillance d'un personnel spécial, et par les particuliers non abonnés. Le balayage de toutes les rues a lieu le matin en été de 3 à 6 heures, en hiver de 4 à 7 heures. La surface balayée chaque jour est de 4 700 000 mètres quarrés environ, dont 3 524 000 mètres quarrés balayés par nos ouvriers, savoir : 1 363 000 mètres quarrés au compte de la ville et 2 161 000 mètres quarrés pour les habitants en vertu d'abonnements ; le surplus est

CYLINDRAGE.

Ainsi que nous l'avons expliqué précédemment, on a été conduit, dans l'entretien des voies de Paris, à employer de préférence la méthode des rechargements généraux, et l'on y fait par conséquent un très-grand usage du cylindrage. Le nombre des cylindres compresseurs qui n'était, il y a dix ans, que de cinq, est aujourd'hui de seize pour la division centrale seulement, et encore ce nombre se trouve quelquefois insuffisant. On peut évaluer à 6 ou 700 000 mètres quarrés les surfaces d'empierrement cylindrées annuellement; chaque rouleau-cylindre donne en moyenne 40 000 mètres quarrés par année. Les appareils les plus en usage sont les grands cylindres à six chevaux, système Bouillant, munis d'un rail entourant tout l'appareil, et sur lequel se meut le point d'attache de l'attelage, de manière à pouvoir changer la direction de la marche du cylindre sans dételer, et en faisant seulement tourner tout l'attelage. On emploie aussi quelques cylindres à anneau tournant,

---

fait par les riverains. La ville emploie environ 1 550 balayeurs, dont 550 cantonniers permanents et 1 000 auxiliaires hommes et femmes.

L'enlèvement des ordures ménagères réunies en tas avec le produit du balayage est enlevé dans les deux heures qui suivent le balayage du matin par 280 voitures appartenant à des fermiers suivant des itinéraires déterminés pour chacun. Les uns payent, les autres sont payés, et plusieurs sont au pair, selon la qualité des boues enlevées et la situation de l'itinéraire. Après l'enlèvement auquel les cantonniers prennent part pour le chargement, ils restent chacun sur leur canton respectif pour balayer les ruisseaux et y entretenir la propreté.

Le dépôt des ordures ménagères sur la voie publique pour être enlevées avec le produit du balayage, a les plus graves inconvénients qui n'échappent pas à l'administration municipale, et elle étudie depuis longtemps sa suppression ; mais elle est entravée par l'industrie du chiffonnage qui occupe à Paris plus de 15 000 individus, et dont les produits ont une importance qu'on est loin de soupçonner.

système Houyau ; plusieurs ingénieurs du service municipal seraient même portés à donner la préférence à ces derniers; mais M. Bouillant ayant ses ateliers à Paris, tandis que le siége de la fabrication des rouleaux système Houyau étant à Nantes, il est plus commode, pour l'entretien et les réparations, de s'adresser à ce premier fabricant; ce qui conserve la préférence à ses appareils.

Les rouleaux de petit modèle de M. Bouillant, ainsi que ceux de M. Houyau, ne pèsent, en général, que 2 000 à 3 500 kilogrammes sans charge, et le double lorsqu'ils sont à pleine charge. Les grands rouleaux à rails de M. Bouillant, les plus généralement employés à Paris, pèsent 5 000 kilogrammes environ à vide, et de 7 à 8 000 kilogrammes avec la charge supplémentaire. Les petits rouleaux ne sont employés dans notre service que pour les rechargements peu épais et les réparations partielles.

On peut donner aux grands rouleaux, avec un attelage de six chevaux, une vitesse moyenne de 1 mètre par seconde, et cette vitesse, très-convenable, est celle que l'on doit tendre à obtenir; mais dans la pratique on y arrive rarement, et il résulte de nombreuses expériences que celle que l'on obtient en général n'est environ que de 2 500 mètres. Les temps d'arrêt, pour changement de direction, dépensent en général un tiers du temps employé en marche utile; en outre, il y a toujours un certain nombre d'arrêts accidentels, surtout sur les voies très-fréquentées ; en sorte que l'on ne doit compter en général que sur un parcours de 16 à 1 700 mètres par heure. Le nombre de passages nécessaires pour obtenir la prise complète d'un rechargement sur les voies de Paris varie beaucoup ; il dépend de l'épaisseur de la couche rechargée, de la nature des matériaux employés, de l'état d'humidité de la chaussée, de la quantité et de la nature des matières d'agrégation. On peut admettre toutefois qu'il est de 30 à 50, et prendre comme moyenne le nombre de 40 passes pour un rechargement de

$0^m.12$ à $0^m.14$ d'épaisseur, où l'on n'emploie que la quantité indispensable de matière d'agrégation, la chaussée étant maintenue constamment humide. On voit, d'après ces données, que l'on peut admettre qu'un cylindre compresseur peut amener à prise complète un rechargement de 400 mètres quarrés dans une journée de dix heures de travail. La prise d'un rechargement est complète lorsque quelques pierres jetées sur la chaussée s'écrasent sous le rouleau au lieu de pénétrer dans la chaussée.

Sur les routes des départements, le nombre des passes n'est ordinairement que de 10 à 20; sur ces routes, en effet, on n'emploie en général les cylindres compresseurs que pour obtenir un premier tassement des matériaux, et on laisse la circulation des lourdes voitures, munies ordinairement de jantes assez larges, achever la prise complète de la chaussée. Sur les voies de Paris, fréquentées surtout par des voitures marchant à grande vitesse, dont les jantes sont très-étroites (celles des omnibus, si lourdement chargés, n'ont que $0^m.5$ de largeur), le cylindrage doit être complet, autrement les matériaux, déplacés par les roues, seraient éparpillés par les pieds des nombreux chevaux qui les parcourent au trot.

Dans le département de Seine-et-Oise, comme probablement dans beaucoup d'autres, le cylindrage, compris régalage et répandage des matières d'agrégation, s'évalue au mètre cube des matériaux employés, et revient en moyenne à $0^f.75$; ce qui donne pour un rechargement de $0^m.12$ à $0^m.15$ d'épaisseur $0^f.10$ environ par mètre quarré. A Paris, ce même travail peut être évalué à $0^f.27$, et est payé à l'entrepreneur $0^f.30$ (prix du devis sans rabais).

On peut l'établir de la manière suivante :

	fr.	
Journées de 6 chevaux à 7 francs l'un.	42	
2 charretiers à 4 francs l'un.	8	
Entretien et réparation du cylindre.	8	60
L'entretien et la réparation de chaque rouleau coûte, en moyenne, 800 francs; il cylindre 40 000 mètres quarrés, on travaille pendant 100 jours, soit 8 francs par jour.		
Graissage et faux frais.	2	
Arrosage (chevaux et entretien du tonneau).	20	
3 ouvriers pour régaler et employer la matière d'agrégation à 3 francs l'un.	9	33
Journée de surveillant.	4	
Fourniture ou rapprochement de la matière d'agrégation, faux frais, etc.		17
Dépense totale pour une journée.		110

Le mètre quarré revient donc à $\frac{110}{400}$. 0f.275
Soit pour cylindrage proprement dit. 0f.15
Et pour accessoires. 0f.125

L'emploi des rouleaux compresseurs sur des voies aussi fréquentées que celles de Paris présente toutefois de graves inconvénients. La longueur totale d'un cylindre et de son attelage est de 14 à 15 mètres; ces lourdes machines, qui doivent marcher en ligne droite et ne peuvent se détourner facilement, les manœuvres qu'il faut faire pour changer le sens de leur marche, gênent beaucoup la circulation et occasionnent sur les voies publiques de Paris des embarras incessants et sont souvent, malgré toutes les précautions prises, des causes d'accidents regrettables. Depuis longtemps les ingénieurs s'en sont préoccupés et ils ont encouragé, autant qu'il a été en leur pouvoir, les essais tentés pour substituer la vapeur aux chevaux comme moteur des rouleaux compresseurs. Outre l'avantage d'avoir des machines beaucoup moins encombrantes et beaucoup plus maniables, la vapeur supprimerait l'action des pieds des chevaux, qui produit sur les empierrements un effet inverse de celui que l'on veut obtenir, en désagrégeant et éparpillant les pierres que le rouleau doit réunir et comprimer.

Dès 1860, un rouleau à vapeur, inventé par M. Lemoine, a été expérimenté dans le service des promenades et plantations au bois de Boulogne (*), et l'année suivante, ce même service a essayé au bois de Vincennes un double cylindre à vapeur de M. Ballaison (*fig.* 1, 2, 3, Pl. III).

Des expériences comparatives de ces deux cylindres furent ensuite suivies par MM. les ingénieurs Darcel et de Labry, qui en ont rendu compte dans un rapport du 30 mai 1862. Ces ingénieurs expriment dans ce rapport l'avis que le cylindrage à vapeur présente de grands avantages sur celui fait avec des chevaux et doit être plus économique.

Ils donnent la préférence au double cylindre, système Ballaison, qui effraye moins les chevaux, n'écrase pas les matériaux et tourne plus facilement. En terminant ce rapport, ces ingénieurs s'expriment ainsi :

« L'un et l'autre cylindre marchant également dans un « sens et dans l'autre, n'ayant pas d'attelages, sont sur la « voie publique un embarras bien moins grand que les cy- « lindres ordinaires, dont les chevaux barrent la circula- « tion lorsqu'il faut changer le sens du mouvement, c'est- « à-dire très-souvent, et labourent avec leurs pieds le « travail fait précédemment ; le seul inconvénient est l'effroi « des chevaux, mais nous sommes persuadés qu'avec de la « précaution de la part du chauffeur, on évitera les acci- « dents dans les premiers temps, et que bientôt les chevaux « de Paris prendront l'habitude de ce genre d'appareils, « comme ceux de Passy l'ont prise du chemin de fer qui « longe à niveau la promenade du Ranelagh, et dont les « locomotives arrivent à toute vapeur et en sifflant, afin « d'avertir la station voisine.

(*) Il a été rendu compte de cet essai dans la chronique des *Annales des ponts et chaussées*, 1er cahier 1861.

« Nous pensons donc qu'on doit entrer hardiment dans le « système des cylindrages à vapeur, en donnant la préfé- « rence aux appareils Ballaison. »

Cet avis fut approuvé et il a été suivi ; depuis, un très-grand nombre de cylindrages ont été exécutés, tant dans le service des promenades et plantations que dans le nôtre, avec les appareils à vapeur, et surtout avec celui de M. Ballaison. On a d'abord employé ce cylindre sur l'avenue Daumesnil et autres voies en construction, puis, peu à peu, sur des voies fréquentées, telles que la rue de Lyon, les boulevards Beaumarchais, du Temple et Saint-Martin. Les prévisions de MM. les ingénieurs Darcel et de Labry se sont réalisées. Les accidents ont été de moins en moins fréquents, et M. le préfet de police, qui s'était ému de l'apparition de cette machine à vapeur sur les voies de Paris et avait demandé à M. le préfet de la Seine, en février 1861, de ne laisser fonctionner ces appareils que la nuit, a écrit, le 13 décembre dernier, que, moyennant quelques changements de détail à faire à la machine Ballaison, modifications qui y ont été faites, il pensait que le danger d'accidents serait assez atténué pour que cette machine pût fonctionner, même toute la journée, sur les voies les plus fréquentées.

Le moment paraît donc venu, sinon de généraliser l'emploi des cylindres à vapeur à l'exclusion des rouleaux compresseurs mus par des chevaux, au moins d'en étendre beaucoup l'usage en les appliquant à toutes les voies peu fréquentées, et surtout aux cylindrages qui s'exécutent la nuit. Les ingénieurs en chef du service municipal viennent dans ce but de soumettre à l'approbation de M. le préfet de la Seine un projet de traité avec la compagnie Gellerat, cessionnaire du brevet Ballaison ; le mode à adopter pour ce traité a présenté d'assez grandes difficultés. La location des machines à la journée laissait à déterminer les conditions de la marche des machines, notamment les minima de poids et de vitesse à exiger, et il a été impossible de s'entendre sur ces points. Le cylindrage au mètre, exigeant un travail très-variable, selon l'épaisseur des rechargements, les quantités de détritus employés et le degré de fini exigé et difficile à déterminer, présentait des difficultés plus grandes encore. On a adopté, pour base du marché, la tonne kilométrique, c'est-à-dire que la ville de Paris payera les concessionnaires et propriétaires des rouleaux d'après le poids de leurs appareils et l'espace qu'ils auront parcouru; c'est en effet ce qui représente en même temps et le travail utile produit et les dépenses faites pour le produire.

Le poids de chaque appareil sera constaté ainsi que celui de l'approvisionnement maximum d'eau et de charbon; un compteur fixé à l'appareil constatera l'espace parcouru. Le diamètre des rouleaux ne pourra être inférieur à $1^{m}.20$ ni supérieur à $1^{m}.50$; la charge, par mètre linéaire de génératrice du cylindre, ne doit pas dépasser 8 tonnes; enfin la vitesse ne doit jamais dépasser 4 kilomètres à l'heure. Des clauses nombreuses et détaillées garantissent d'ailleurs les droits de l'administration et l'intérêt des concessionnaires.

Pour déterminer le prix qu'il y avait lieu d'accorder par tonne kilométrique, une expérience a été faite avec un soin tout particulier sur l'avenue Montaigne, aux Champs-Élysées.

La chaussée de cette avenue a été rechargée en même temps d'une couche d'une épaisseur uniforme de matériaux semblables et divisée ensuite en deux parties parfaitement égales, qui ont été cylindrées simultanément, l'une par un rouleau mû par des chevaux, l'autre par le rouleau, système Ballaison, de MM. Gellerat et compagnie.

Cette expérience a donné les résultats consignés dans le tableau suivant :

	CYLINDRE à chevaux.	DOUBLE cylindre à vapeur.
Surface cylindrée	1915m.80	1915m.80
Temps total employé	34h.30	18h.47
Temps utilisé	24h.40	14h.57
Temps d'arrêts	9h.50	3h.50
Longueur de la passe	347m.00	309m.00
Nombre de passes	265	104 + 191
Espace parcouru	91 955m.00	32 327m.00
Poids moyen des cylindres	6 318k.00	13 240k.00
Nombre de tonnes kilométriques	580tk.197	428tk.01

Il résulte de ces chiffres qu'en évaluant à 6 francs par heure la dépense faite pour le cylindrage à chevaux, et c'est en effet à ce prix qu'il est revenu, le cylindrage des 1 916 mètres quarrés a coûté la somme de 207 francs, soit 0f,108 par mètre quarré.

Le cylindre à vapeur étant loué à raison de 9 francs par heure, la dépense a donc été de 169f.20, soit pour 1 mètre quarré de 0f.083.

On doit remarquer que, comme il s'agissait d'une expérience, le cylindrage avec les chevaux a été conduit d'une manière tout exceptionnelle. Ainsi, la vitesse moyenne du cylindre a été de 2 666 mètres rapportée au temps total et de 3 729 mètres rapportée au temps réellement utilisé, c'est-à-dire que les chevaux ont marché avec une vitesse de plus de 1 mètre par seconde, tandis que nous avons vu que la vitesse moyenne, en pratique ordinaire, n'est que de 2 500 mètres environ ; aussi le mètre quarré de cylindrage, bien qu'il ait été fait jusqu'à prise très-complète, n'a coûté que 0f.108, tandis qu'on doit l'évaluer ordinairement, comme nous l'avons dit, à 0f.15. Le cylindrage avec la vapeur a donc été économique ; de plus, ce qui est très-important, il a été plus rapide : les dépenses accessoires pour arrosement, répandage, régalage et surveillance, ont donc été notablement diminuées.

ARROSEMENT.

Pour compléter ce que nous avons à dire sur l'entretien des voies empierrées de Paris, il nous reste à donner quelques renseignements sur l'arrosement de ces voies. M. l'ingénieur Darcel a publié dans les *Annales des ponts et chaussées* (3e cahier de 1859 page 316) une note qui nous dispensera d'entrer dans les détails qu'il donne sur les tonneaux employés dans le service municipal ; nous nous bornerons à donner les renseignements les plus exacts possibles sur les dépenses en eau et en argent qu'entraîne l'arrosement dans notre service, ces dépenses n'étant pas les mêmes que celles qui sont données par M. Darcel pour le service des promenades.

Ainsi que nous l'avons exposé, on arrose souvent en toute saison les voies empierrées pour faciliter, soit l'enlèvement des boues, soit la prise des matériaux ; on les arrose encore fort souvent au moment des dégels secs ou en temps de brouillard pour empêcher l'arrachement des matériaux causé par la boue grasse qui s'attache aux roues des voitures. Presque toujours, excepté pour les rechargements généraux, ces arrrosements, temporaires et partiels, s'exécutent au moyen d'arrosoirs dont sont munis les cantonniers.

Ces arrosoirs contiennent ordinairement 12 litres ; dans les circonstances favorables, un ouvrier peut emplir et vider 20 arrrosoirs par heure, et chaque arrosoir peut mouiller 20 mètres superficiels. Ce nombre, toutefois, est très variable, le temps mis à remplir l'arrosoir dépendant du débit de la bouche d'eau de puisage, qui varie avec la pressio de l'eau sur l'orifice, et l'arrosement étant souvent entravé par la circulation sur la voie arrosée. En pratique, on ne doit donc compter que sur 16 versements et, par conséquent, sur 320 mètres environ de surface mouillée, par ouvrier et par heure.

Outre les arrosements accidentels dont nous venons de parler, un service complet, pour l'arrosement de toutes les voies fréquentées de notre service, doit être organisé, chaque année, pour éviter pendant l'été la poussière qui serait, sans cela, intolérable, surtout sur les voies empierrées, tant pour le public qui y circule que pour les boutiquiers qui les bordent.

Pour entretenir une humidité constante et prévenir la poussière, il faut, dans la saison chaude, arroser six ou huit fois par jour les mêmes surfaces empierrées et trois ou quatre fois celles en pavé. On voit, d'après ce qui précède, qu'un ouvrier, avec des arrosoirs, ne pourrait arroser que 4 à 500 mètres superficiels d'empierrement et de 800 à 1 000 mètres de pavage. Il faut donc recourir à d'autres moyens, et c'est alors qu'on emploie des tonneaux.

Le service de l'arrosement dure sept mois, du 15 mars au 15 octobre; toutefois, pendant cette période, l'arrosement commence et finit à des époques différentes et variables, chaque année, d'après l'état atmosphérique.

En général, pendant les deux premiers mois et souvent pendant une partie du dernier, il suffit, sur la plupart des voies publiques, de quelques arrosements faits par les cantonniers avec les arrosoirs pour prévenir la formation de la poussière, et l'on ne met en mouvement les tonneaux d'arrosement que lorsque la sécheresse présente quelque durée. Ces tonneaux commencent donc leur service successivement et d'abord sur les voies empierrées, en sorte que, bien que la durée du service soit, comme nous l'avons dit, de sept mois entiers, on ne doit compter en moyenne, pour l'ensemble des tonneaux, que cinq mois de service réel.

Le nombre des tonneaux employés à l'arrosement augmente chaque année, par suite de l'ouverture des nouvelles voies qui accroissent les surfaces à arroser.

Ainsi la surface totale des voies arrosées en 1864, dans la division centrale a été de.	mèt. cubes. 1 132 151	d'empierrement.
et de.	1 494 863	de pavage.
En totalité.	2 627 014	

et l'on y a employé 188 tonneaux dont 173 faisant un service quotidien et 15 gardés en réserve.

	mèt. cubes.	
En 1865, on arrose.	1 208 318	d'empierrement.
et.	1 492 203	de pavage,

et le nombre des tonneaux employés est de 201, dont 180 tonneaux actifs et 21 de réserve.

Les tonneaux d'arrosement contiennent chacun un kilolitre; le nombre des versements qu'ils font en une journée est très-variable d'après la distance qu'ils ont à parcourir pour venir trouver le poteau d'arrosement ou la bouche d'eau où ils se remplissent, et le débit plus ou moins abondant de cet orifice. On peut toutefois admettre qu'ils font 30 versements en moyenne par jour; ils dépensent donc chacun 30 kilolitres, et la quantité d'eau répandue sur la voie publique en un jour d'été, dans la division centrale, peut être évaluée cette année à 5 400 000 litres, sans tenir compte de l'eau versée par les arrosoirs des cantonniers qui viennent en aide aux tonneaux d'arrosement.

Chaque versement d'un tonneau couvre moyennement 2 400 mètres quarrés; comme ils font, en moyenne, 30 versements, mais qu'ils doivent passer six ou huit fois sur la même surface empierrée ou trois ou quatre fois sur la même surface pavée, on peut admettre qu'un tonneau d'arrosement peut entretenir en bon état d'humidité 10 000 mètres quarrés d'empierrement ou 20 000 mètres quarrés de pavage. En tenant compte des surfaces arrosées avec des arrosoirs, on voit que ces moyennes sont en rapport avec le nombre des tonneaux affectés aujourd'hui à l'arrosement.

La quantité d'eau dépensée est, par conséquent, de 3 litres par mètre quarré d'empierrement et de 1l.50 par mètre quarré de pavage.

On peut évaluer, ainsi qu'il suit, la journée d'un tonneau d'arrosement :

	fr.
Attelage et conducteur.—Le cheval et le charretier sont fournis au mois par l'entrepreneur, au prix de 250 francs (n° 11 de la série), soit par jour.	8.33
Entretien. — Chaque tonneau coûte moyennement, remisage compris, 120 francs d'entretien par an, soit pour 150 jours (5 mois) de service, par jour.	0.80
Amortissement. — Un tonneau coûte 850 francs d'acquisition et dure environ 10 ans, soit 85 francs par an, et par jour pour 5 mois.	0.56
Ventousier et surveillant. — Il faut en général un surveillant payé 4 francs, et deux ventousiers payés 3 francs, pour le service de 5 tonneaux, soit pour un tonneau.	2.00
Entretien des agrès et dépenses diverses	0.31
Total.	12.00

Chaque mètre quarré coûte donc pour arrosement au tonneau 0f.0012 sur l'empierrement, et 0f.0006 sur le pavage.

Nous devons observer que, pendant les 5 mois de la durée moyenne du service des tonneaux, il se trouve toujours un certain nombre de jours humides pendant lesquels l'arrosement n'est pas nécessaire : les attelages, étant fournis au mois par l'entrepreneur, d'après une des conditions de son devis, doivent être payés, mais on s'est réservé le droit de les employer à d'autres travaux et on les utilise, soit pour l'enlèvement des détritus, soit pour le service des machines balayeuses qui sont, en général, utiles pendant ces journées pluvieuses. C'est là une économie dont on doit tenir compte dans le prix de revient ci-dessus, que l'on peut fixer à 0f.001 pour l'empierrement et à 0f.0005 pour le pavage.

D'après ce que nous avons dit ci-dessus de l'arrosement à la main, avec des arrosoirs, on voit que si l'on devait prendre des ouvriers à 3 francs par jour pour faire ce travail, le mètre quarré reviendrait au moins à $0^f.006$ pour l'empierrement, et à $0^f.003$ pour le pavage; mais ce travail se fait par les cantonniers, lorsqu'il serait difficile et souvent impossible de les employer utilement à un autre travail.

M. l'ingénieur Darcel, dans la note que nous avons mentionnée ci-dessus, expose comment, dans le service des promenades et plantations, on a remplacé avec avantage l'arrosement à l'arrosoir par l'arrosement à la lance, pour utiliser le temps des cantonniers. Jusqu'à ce jour on n'a pas encore osé étendre ce système d'arrosement aux rues de l'intérieur de Paris. La circulation active et incessante qui a lieu sur ces voies y rendra très-difficile la manœuvre des boyaux à roulettes décrits par M. Darcel. Il faudra d'ailleurs des hommes très-exercés pour manier les lances sans arroser les passants et effrayer les chevaux. Toutefois ce mode d'arrosement qui, ainsi que le disait M. l'ingénieur Darcel en 1859, n'était alors guère employé qu'au bois de Boulogne, où l'on pouvait faire l'arrosement avant l'heure où la circulation s'établissait sur les voies des promenades, s'est beaucoup étendu depuis, et s'emploie aujourd'hui avec succès sur des voies où la circulation a plus de durée. Les ouvriers ont acquis une grande dextérité, et les chevaux se sont habitués au jet des lances.

Nous venons donc de proposer d'étendre ce système sur quelques voies du centre, telles que les quais, la rue Royale et certains boulevards; mais il faudra pour cela établir des bouches d'eau spéciales et faire des travaux de canalisation qui exigeront des dépenses assez considérables. La note de M. Darcel, publiée en 1859, alors que l'arrosement à la lance n'était encore qu'exceptionnellement employé, ne donne pas des résultats aussi exacts que ceux qu'une expérience plus étendue a permis de recueillir depuis. Nous devons à l'obligeance de M. l'ingénieur en chef Alphand les renseignements suivants. Il est inutile de faire observer que les résultats sont très-variables, suivant la pression de l'eau dans les conduites, la fréquentation des voies arrosées, l'expérience et l'activité des cantonniers; ceux donnés sont donc une moyenne résultant d'un grand nombre d'observations.

Le débit, par seconde, des lances varie de $0^{l}.90$ à 2 litres suivant la pression; mais les cantonniers ouvrent plus ou moins le robinet, suivant que le jet a plus ou moins de force; le passage des voitures les oblige à arrêter souvent le répandage; l'expérience semble indiquer que le débit effectif par minute, pendant la durée de l'arrosage à la lance, s'élève à peu près à 60 litres.

Un cantonnier, manœuvrant une lance, arrose en 35 minutes une surface de 2 000 mètres quarrés; comme il faut admettre une perte de 10 minutes environ pour le transport et le vissage des boyaux d'une bouche à l'autre, on ne répand de l'eau sur la chaussée que pendant 25 minutes environ; l'arrosage d'une surface de 2 000 mètres quarrés consomme donc $60 \times 25 = 1\,500$, soit $0^{l}.75$ par mètre, et comme on arrose en moyenne par jour quatre fois la même surface, la dépense quotidienne d'eau par mètre quarré s'élève à 3 litres, comme avec les tonneaux. D'autre part, le temps employé par un cantonnier pour arroser 2 000 mètres étant de 35 minutes, le temps employé pour 1 000 mètres quarrés serait de 17 minutes 1/2; l'heure de travail étant fixée à $0^{f}.35$, la dépense en main-d'œuvre pour l'arrosage sera de $\frac{0.35 \times 17.50}{60} = 0.102$ pour 1 000 mètres quarrés, ou de $0^{f}.408$ pour les quatre arrosages de la journée et, par conséquent, pour 1 mètre quarré de $0^{f}.000408$.

Il faut ajouter à cette dépense :

1° Les frais de premier établissement des bouches;

2° L'achat des tuyaux à roulettes et des lances;

3° L'entretien de tout ce matériel.

Chaque cantonnier arrose à peu près 2 000 mètres quarrés; l'arrosage ne se faisant que pendant trois ou quatre heures par jour, il faut donc un appareil de lance et de chariot par 2 000 mètres quarrés. Le nombre des bouches supplémentaires, en supposant les chaussées de 14 mètres de largeur, serait de 4 pour une surface de 2 000 mètres quarrés. Chaque bouche coûtant 285 francs, et le système de chariot avec la lance 110 francs, la dépense en capital pour 2 000 mètres quarrés s'élève à 1 250 francs; ce qui représente, pour l'intérêt du capital et l'amortissement, une dépense annuelle de. . . . . fr. 75.00

L'entretien du matériel peut être évalué à. . . 25.00

Total. 100.00

Le nombre des jours d'arrosage s'élevant à 200 environ par année, la dépense par mètre quarré, du fait du premier établissement et de l'entretien du matériel, est donc

de $\frac{100}{200 \times 2000}$. 0.00025

Ajoutant le chiffre de la main-d'œuvre. 0.000408

la dépense journalière par mètre quarré arrosé à la lance est donc de. 0.000658

c'est-à-dire moins de moitié de l'arrosement au tonneau, et si l'on observe que la lance est manœuvrée par des cantonniers payés au mois, et que l'on n'aurait pas moyen d'utiliser pendant ce temps à des travaux d'entretien, on voit combien ce mode est avantageux. Il faut observer toutefois que, sur les voies des promenades, il suffit, comme nous venons de le voir, d'arroser pendant trois ou quatre heures et de faire quatre répandages d'eau, tandis que sur les voies du centre de Paris, les tonneaux circulent pendant dix heures et font en moyenne sept répandages.

M. l'ingénieur Darcel termine sa note de 1859 par quelques renseignements sur l'emploi de sels déliquescents pour suppléer à l'arrosement des voies publiques. Les essais n'avaient encore été faits que sur quelques avenues du bois de Boulogne avec du chlorure de calcium raffiné, qui coûtait trop cher pour que l'on pût étendre économiquement ce mode d'entretenir l'humidité des chaussées et de prévenir la poussière. « Le chlorure, dit M. l'ingénieur Darcel, « ne se dissolvait pas assez complétement pour que l'on pût « répandre sa dissolution avec des arrosoirs, et on le ré- « pandait à la main à raison de 0k.250 par mètre quarré; « l'effet se faisait en général sentir pendant cinq ou six « jours. »

En 1862 ces essais ont été repris plus en grand avec le chlorure de calcium non raffiné, c'est-à-dire contenant du chlorure de manganèse, dont le prix était moitié moindre de celui primitivement essayé. Le répandage fait à la main, comme dans les premiers essais, a eu lieu sur l'avenue de l'Impératrice, celle de l'Étoile, et la place de la Concorde, pendant les mois de juillet, août et septembre. M. Darcel a rendu compte de ces essais dans un rapport du 10 août 1864, dont nous extrayons ce qui suit :

« La quantité de matière employée était de 1/2 kilo- « gramme par mètre quarré, c'est-à-dire double du poids « employé précédemment avec le chlorure pur; l'effet de « chaque répandage ne s'est maintenu que pendant trois « jours, et encore, pour obtenir ce résultat, il fallait que le « temps fût un peu humide ou que l'on arrosât faiblement « lorsque la température était sèche et chaude. »

M. Darcel conclut de ces expériences que l'on doit préférer le chlorure pur, employé d'abord, au chlorure mélangé qui ne coûte, il est vrai, que 7f.62 les 100 kilogrammes, au lieu de 15f.07, puisque, même avec une quantité double, l'effet ne se maintenait que trois jours, tandis qu'il se prolongeait pendant six ou huit jours avec le chlorure épuré. En dehors même de cette comparaison, le prix lui paraît trop élevé; chaque répandage, dit-il, revient à 0f.038 par mètre quarré, non compris les frais de transport du lieu de dépôt au lieu d'emploi et le temps des ouvriers pour opérer le répandage. Il fait observer d'ailleurs que, très-souvent, une pluie d'orage survenant après un répandage, entraîne tous les sels et rend inutile l'opération qui vient d'être faite.

Cette question d'économie, tout importante qu'elle soit, n'aurait sans doute pas seule fait renoncer à ce moyen, qui a le grand avantage d'éviter les arrosements fréquents des voies de Paris qui entravent la circulation, éclaboussent les passants, et font souvent une boue d'autant plus désagréable aux piétons qu'elle est inattendue.

Mais les chlorures de calcium, fortement colorés et répandus à la main sur les chaussées, y produisaient un effet désagréable en les couvrant d'une boue noire et visqueuse, et c'est surtout cette cause qui a porté à abandonner ce procédé.

En 1864, nous avons pu nous procurer du chlorure de magnésium, parfaitement pur et blanc, provenant des salines du Midi et se dissolvant promptement et complétement; de telle sorte qu'il pouvait facilement être employé en dissolution concentrée. Nous avons fait faire avec beaucoup de soin de nouveaux essais de ce sel, tant en dissolution versé à l'arrosoir que sec semé à la main. Le résultat de ces essais a été que, pour obtenir le meilleur effet, il faut opérer le soir et jeter le chlorure, soit sec, soit dissous, dans la proportion de 500 grammes par mètre quarré sur l'empierrement, et 400 grammes seulement sur le pavage. Cet arrosement produit un très-bon effet pendant les premières vingt-quatre heures; il faut le raviver le lendemain par un arrosement léger fait vers sept heures du matin; deux arrosements plus abondants sont nécessaires le troisième jour, et l'opération doit être recommencée le soir pour en obtenir un bon effet le quatrième jour. Les dissolutions de chlorure ont été versées au moyen de tonneaux d'arrosement ordinaires, et même en employant ces tonneaux, le répandage du chlorure revient à un prix plus élevé qu'en le faisant projeter sec à la main, ainsi que cela avait eu lieu dans les premières expériences; c'est donc ce moyen qui devrait être préféré.

Pour arroser au chlorure de magnésium une superficie de 10 000 mètres quarrés, il faut en moyenne, y compris toutes les manutentions :

	fr.
Le premier jour, 18 heures d'ouvrier à 0f.30 l'une	5.40
Le deuxième jour, un arrosement au tonneau, soit.	1.50
Le troisième jour, deux arrosements.	3.00
Surveillance pour les trois jours.	2.00
Ensemble. . .	11.90

Il faut y employer 5 000 kilogrammes de chlorure, dont le prix n'a pas pu nous être connu exactement, mais qui reviendrait probablement au moins à 20 francs les 1 000 kilogrammes, soit, pour 5 000 kilogrammes, 100 francs. L'arrosement au tonneau de ces 10 000 mètres cubes pendant trois jours coûterait seulement, comme nous l'avons vu, une somme de 36 francs.

L'arrosement ordinaire revient donc infiniment moins cher que l'emploi des sels déliquescents; de plus, cet arrosement a l'avantage, non-seulement de prévenir la poussière, mais encore de rafraîchir l'air et de combattre la sécheresse, tandis que l'emploi des sels déliquescents enlève, au contraire, le peu d'humidité que contient l'atmosphère et ne procure aucune fraîcheur; il est, par conséquent, beaucoup moins hygiénique ; de plus, il donne toujours aux chaussées une apparence d'humidité visqueuse et inégale qui n'a rien d'agréable.

Nous pensons donc, en résumé, qu'il ne convient de recourir à l'emploi des sels déliquescents qu'en cas de grande pénurie d'eau; que ce moyen peut être employé avec avantage dans certaines localités où l'on a beaucoup de peine à se procurer l'eau et le matériel nécessaires pour l'arrosement des chaussées et où les sels déliquescents peuvent être obtenus à meilleur marché qu'à Paris.

BITUME ET ASPHALTE.

Les chaussées d'empierrement ont sur les chaussées pavées des avantages très-appréciables ; elles fatiguent moins les voitures et les chevaux, sont bien moins bruyantes et ne causent pas aux édifices qui les bordent ces vibrations incessantes qui nuisent à leur solidité et abrégent leur durée; mais à Paris, sous la grande fréquentation à laquelle elles sont soumises, elles présentent, malgré tous les soins que nous venons de décrire et les dépenses qu'ils entraînent, de graves inconvénients, qui compensent, en grande partie au moins, leurs avantages.

Les nombreux piétons qui fréquentent ces voies souffrent beaucoup de la couche épaisse de boue dont elles se couvrent en temps de pluie, quelque soin que l'on prenne pour la prévenir et l'enlever; ces soins eux-mêmes, ainsi que les réparations incessantes qu'exige l'entretien, sont des entraves pour la circulation.

On a donc dû naturellement chercher un système de chaussée qui, tout en ayant sur les voies pavées les avantages qui leur font préférer les empierrements, ne présentassent par les inconvénients de ces derniers.

Des essais nombreux avaient déjà été faits sans succès avec des bétons calcaires lorsque, vers 1835, les mastics bitumineux furent connus et utilisés avec un grand succès pour les dallages des trottoirs. Dès lors de nombreux essais dont nous rendrons compte plus loin furent tentés, avec plus ou moins de succès, pour employer ces mêmes mastics à la construction des chaussées, et enfin, après vingt ans de tentatives faites avec les mastics de bitume fondu, on est arrivé, par l'emploi de la roche asphaltique pure, à construire des chaussées qui paraissent résoudre, ou à très-peu près, le problème cherché avec tant de persévérance, et l'asphalte comprimé tient déjà aujourd'hui une place notable dans la viabilité de Paris, puisqu'il couvre une surface de plus de 40 000 mètres et que cette surface s'augmente chaque année. Nous pensons donc devoir terminer la présente notice par quelques renseignements sur ces nouvelles chaussées, et nous croyons qu'il ne sera pas sans intérêt d'entrer, à ce sujet, dans quelques détails sur les asphaltes et bitumes, plus employés peut-être dans notre service que partout ailleurs et peu connus encore de la plupart des ingénieurs.

Trois mémoires, publiés déjà dans les *Annales des ponts et chaussées*, simplifieront beaucoup ce que nous avons à dire. Le premier est un mémoire de M. Partiot sur les mastics bitumineux, dans lequel il rend compte des premiers essais faits de ces mastics pour les chaussées (mémoire imprimé dans les *Annales* de 1838, tome XV, page 187) ; le deuxième, un mémoire de M. de Coulaine sur des essais de chaussées en bitume (publié dans le deuxième cahier de 1850, page 240) ; enfin une note fort bien faite et fort remarquable de M. Léon Malo sur les asphaltes et bitumes (publiée dans le premier cahier de 1861, page 69).

La note de M. Léon Malo contient des notions générales et complètes sur les bitumes et asphaltes ; c'est donc d'elle que nous devons parler d'abord, en nous bornant à l'analyser brièvement et nous arrêtant seulement sur les points qui nous paraîtront susceptibles de quelques observations nouvelles. Nous compléterons ensuite les deux autres mémoires précités en faisant connaître les résultats obtenus, jusqu'à ce jour, dans la construction des chaussées bitumineuses.

La définition et la classification des matières bitumineuses données par M. Léon Malo sont confirmées par la pratique. On donne le nom générique de bitume au principe même des matières bitumineuses, principe qui, sous divers noms, tels que bitume de Judée ou de la Trinité, malthe, pétrole, naphte, goudron minéral ou poix minérale, se rencontre pur dans la nature en diverses localités, et le nom d'asphalte aux roches calcaires qui ont été naturellement pénétrées de ce bitume. Le bitume se distingue donc de l'asphalte par la propriété de se dissoudre complétement dans le sulfure de carbone, la benzine et toutes les huiles essentielles qui se produisent dans sa distillation, tandis que l'asphalte laisse toujours pour résidu le corps étranger pénétré par le bitume.

L'origine du bitume et des corps imprégnés de bitume est encore fort incertaine. M. Isidore Huguenet a publié en 1852, chez madame veuve Mathias, un ouvrage intitulé *Asphaltes et naphtes*, où il discute très en détail les diverses opinions émises sur l'origine et la formation des bitumes fossiles ; c'est, à notre connaissance, le seul ouvrage publié sur cette matière, et l'on y trouvera des renseignements intéressants sur les diverses sources des bitumes, sur les produits bitumineux naturels et sur leurs propriétés chimiques.

Comme notre but est spécialement l'emploi de ces matières dans les travaux de voirie, nous ne croyons pas devoir nous étendre sur ce sujet, qui nous détournerait de ce but, et nous ne considérerons que les propriétés de ces corps qui ont une importance réelle dans l'usage auquel on les emploie.

Nous nous occuperons donc d'abord des asphaltes ou roches bitumineuses, car ce sont elles qui forment la base principale des mastics employés dans nos travaux, et c'est en les employant pures et sans aucun mélange que l'on a obtenu les chaussées qui, jusqu'à ce jour, ont le mieux réussi.

Les calcaires bitumineux ou asphaltes sont, comme le

remarque M. Malo, peu répandus dans la nature, ou au moins très-peu de leurs gisements sont encore connus et exploités. Les seuls employés jusqu'à ce jour sont les calcaires bitumineux du val de Travers, de Seyssel et Seyssel-Volant, d'Auvergne et de Maestu, près Vittoria (Espagne); les autres affleurements connus paraissent être peu considérables et peu riches en bitume. Les roches du val de Travers et de Seyssel sont du calcaire jurassique imprégné très-uniformément de bitume. Au val de Travers, la proportion de bitume est de 11 à 12 p. 100; elle n'est que de 6 à 8 p. 100 à Seyssel; le calcaire d'Auvergne n'est pas semblable à celui du val de Travers et de Seyssel; il est beaucoup moins homogène, aussi le bitume ne paraît-il pas l'avoir pénétré d'une manière uniforme et la proportion du bitume absorbé y est très-variable : dans un même fragment de $0^{mc}.10$ on trouve des parties plus riches en bitume que la roche du val de Travers et d'autres moins riches que celles de Seyssel; aussi pensons-nous que c'est à cette unique cause qu'il faut attribuer l'insuccès des essais faits pour composer des mastics propres au dallage avec cette roche; ces mastics se trouvant souvent ou trop riches ou trop pauvres en bitume, ont été cassants l'hiver ou trop mous dans les chaleurs de l'été.

L'asphalte, même celui du val de Travers, ne contient pas assez de bitume pour éprouver la fusion et se mettre en pâte; lorsque après l'avoir concassé en fragments de $0^{m}.06$ à $0^{m}.10$, on le chauffe à 130 ou 140 degrés, ces fragments décrépitent et se réduisent en poudre qui s'agglutine facilement; mais si l'on élève la chaleur plus haut, le bitume se décompose et répand d'épaisses fumées. Si, au contraire, on jette cette poudre dans du bitume pur, elle s'y dissout pour ainsi dire, et l'on peut en introduire une très-grande quantité avant que la masse ne devienne pâteuse. C'est sur cette propriété qu'est fondée la fabrication des mastics bitumineux.

M. Malo décrit en détail les diverses mains-d'œuvre qu'exige la fabrication du mastic ; ces mains-d'œuvre se sont perfectionnées depuis quelques années : ainsi, pour chauffer la roche sans la brûler, la compagnie générale des asphaltes a fait établir dans ses ateliers un appareil qui consiste en un cylindre de tôle incliné, disposé au-dessus du foyer et dans lequel se meut une hélice qui prend les fragments d'asphalte à sa partie inférieure, à la manière des vis d'Archimède, de telle sorte que ces fragments ne reçoivent le calorique que de l'air contenu dans le cylindre en tôle sans séjourner sur les parois chauffées où ils pourraient brûler ; pour la pulvérisation à froid on ne se sert plus que du moulin décrit par M. Malo et auquel des perfectionnements importants ont été opérés. Ainsi la poudre d'asphalte, destinée à la fabrication des mastics, ne doit plus éprouver aujourd'hui, comme cela arrivait assez souvent à l'origine, une décomposition qui nuisait à la qualité du produit. Cependant, depuis quelques années, les dallages exécutés à Paris sont souvent fort inférieurs à ceux faits dans les premières années de cette industrie ; ils sont rugueux, plus cassants, et éprouvent pendant la saison d'hiver un retrait considérable qui disjoint les bandes des diverses coulées ou détermine de nombreuses fissures. Cette infériorité a dû appeler très-vivement l'attention des ingénieurs et des entrepreneurs : on doit l'attribuer en partie à ce que la quantité des travaux à faire ayant considérablement augmenté et cette industrie s'étant beaucoup étendue, les mêmes soins qui présidaient aux premiers travaux ne sont pas toujours apportés aux nombreux dallages qui s'exécutent actuellement en même temps sur tous les points de la capitale ; mais cette cause n'est évidemment pas la seule, car quelques travaux faits avec beaucoup de soin n'ont pas donné satisfaction. Les roches asphaltiques employées étant les mêmes qu'à l'origine et la préparation s'étant perfectionnée, la cause des déceptions que l'on éprouve doit être cherchée dans l'autre élément qui entre dans la composition du mastic, c'est-à-dire le bitume pur.

Si le bitume à l'état d'asphalte, c'est-à-dire à l'état de combinaison ou de mélange très-intime avec les roches calcaires, est, comme nous l'avons dit, assez rare dans la nature, le bitume libre y est abondamment répandu. Il se présente à des états de consistance fort différents ; car, ainsi que l'a fait observer M. de Coulaine dans le remarquable mémoire que nous avons cité, les bitumes ont une composition analogue à celle des corps gras et contiennent deux principes correspondants à l'oléine et à la stéarine, que M. Boussingault a désignés par les noms de *pétrolène* et d'*asphaltène*. Or, selon que le premier de ces principes s'y trouve en plus grande quantité, le bitume a moins de densité et est plus fluide. Plusieurs auteurs ont donné le nom de *naphte* ou *pétrole* au bitume liquide, ceux de *malthe*, *pissasphalte*, *poix* ou *goudron minéral* au bitume visqueux, à la température ordinaire, et enfin celui d'*asphalte* ou *bitume sec* à celui qui a la plus grande densité et reste dur et cassant à la température ordinaire ; mais ces dénominations diverses, qui ne reposent que sur une propriété physique mal définie et qui tient aux proportions variables des deux éléments dont nous venons de parler, et qui se retrouvent en proportions indéterminées dans la composition de tous les bitumes, nous paraissent défectueuses et nous préférons réserver, avec M. Malo, le nom d'*asphalte* aux roches calcaires imprégnées de bitume et conserver le nom générique de *bitume* à toutes ces substances, quel que soit leur degré de consistance, puisque cette consistance varie avec la température et la quantité plus ou moins considérable d'huiles essentielles qu'elles ont conservées.

En effet, lorsque l'on extrait par distillation des bitumes liquides appelés *naphte* et *pétrole* les huiles essentielles rectifiées qui portent ces noms, on obtient comme résidu du bitume mou et visqueux semblable à celui que l'on trouve dans la nature à cet état et auquel on a donné le nom de *malthe;* de ce malthe on peut encore extraire des huiles essentielles, et l'on obtient pour résidu le bitume sec que l'on a nommé *asphalte;* enfin de ce dernier on peut encore tirer de l'huile essentielle, mais en n'obtenant plus pour résidu qu'une espèce de charbon fossile nommé *lignite compacte* ou *jayet infusible* et qui ne possède plus aucune des propriétés communes aux bitumes.

Les bitumes sont, comme nous l'avons dit, abondamment répandus sur toute la surface de la terre; mais actuellement ils ne s'y trouvent en général qu'en petites quantités à l'état de pureté et de liberté complètes, surtout dans l'état intermédiaire que l'on a appelé *malthe*, et qui est le seul cependant où ils puissent être immédiatement utilisés pour la fabrication des mastics bitumineux employés dans les travaux publics.

Les bitumes liquides d'où l'on extrait les huiles de naphte et de pétrole sont ceux que l'on trouve le plus souvent à l'état libre; il en existe des sources dans presque tous les pays. Celle de Gabian, dans l'Hérault, donnait autrefois jusqu'à 1500 kilogrammes par an; elle paraît aujourd'hui presque épuisée, ainsi que celles qui existaient en Auvergne, dans l'Ain, etc. On en trouve encore de grandes quantités en Chine et près des bords de la mer Caspienne. Il surnage souvent sur des eaux thermales ou sur la mer, près des îles volcaniques du cap Vert, etc.

Quant au bitume à l'état visqueux, les sources qui existent encore aujourd'hui à l'est de la Judée, près de l'Euphrate, et ne donnent actuellement que peu de bitume, ont été très-abondantes jadis et fournissaient tout le bitume employé aux constructions de Babylone. Quelques autres sources semblables, telles que la Fontaine de poix, près Clermont, existent encore sur d'autres points du globe, mais sont, de nos jours, peu abondantes et semblent aller toujours en s'affaiblissant.

On trouve aussi du bitume à cet état mou et visqueux, en amas ou en veines, comme dans les environs de Clermont, où il remplit les fissures de roches volcaniques et forme, soit des lits avec des grès, soit des filons dans les argiles; mais le plus souvent ce bitume est mélangé à des sables fins avec lesquels il forme ce que l'on nomme des molasses, comme à Seyssel, en Auvergne, dans les Landes, etc., etc., ou imprégnant irrégulièrement des grès et des schistes. Enfin c'est à cet état de malthe qu'il existe en combinaison ou mélange très-intime avec les roches calcaires auxquelles nous avons réservé le nom d'*asphaltes*. A l'état sec et concret le bitume se trouve plus abondamment. Dans la Judée il s'élève du milieu des eaux en masses fluides qui se solidifient promptement et que le vent pousse vers les bords. On le trouve en grande quantité dans les environs d'un lac, dans l'île de la Trinité ou *Trinidad*, à Cuba, en Albanie, etc. Ce sont les bitumes de la Trinité et de Cuba que l'on obtient le plus facilement et à plus bas prix dans le commerce.

Comme nous l'avons dit, et comme M. de Coulaine l'a dit avant nous dans son mémoire précité, c'est dans son état intermédiaire, c'est-à-dire mou et visqueux, à la température ordinaire, que le bitume doit être ajouté aux roches d'asphalte pulvérisées pour les rendre fusibles et permettre d'en composer des mastics propres à être employés dans nos travaux. C'est, en effet, à cet état qu'il existe déjà dans ces roches d'où on peut l'extraire, soit par distillation, soit par le lavage des asphaltes en poudre dans le sulfure de carbone, la benzine ou les huiles essentielles qui, après leur vaporisation, le laissent dans un état de pureté parfait. Le meilleur moyen de faire d'excellents mastics serait donc d'extraire ainsi de l'asphalte lui-même le bitume qui doit être ajouté à la même roche asphaltique pour amener sa fusion; mais ce mode d'extraction est long et dispendieux et l'on n'a pas encore trouvé le moyen de le rendre simple et pratique, l'appareil, longuement décrit par M. Huguenet (pages 79 à 83), n'ayant pas réussi.

On se le procure donc par un procédé beaucoup plus simple, mais beaucoup moins parfait On jette dans l'eau bouillante et on laisse bouillir avec elle, pendant 10 à 12 heures, les molasses de Seyssel, d'Auvergne ou des Landes : le bitume vient surnager comme une écume à la surface du liquide et le sable tombe au fond de la chaudière ; mais, d'une part, ce sable retient toujours 2 ou 3 p. 100 de bitume, et, d'autre part, le malthe, qui vient surnager, contient toujours du sable dont il est fort difficile de le séparer, surtout lorsque les molasses comme celles d'Auvergne sont formées d'un sable fin et léger.

Pendant longtemps. Bastennes, dans les Landes, a fourni presque tout le bitume dont on se servait pour la préparation des mastics. On l'obtenait, par le procédé que nous venons de décrire, d'un sable ferrugineux et coquillier qui se séparait assez facilement. Il suffisait de faire chauffer de nouveau le bitume recueilli à la surface de l'eau dans de secondes chaudières pour en éliminer l'eau et le sable qu'il avait retenus. Aujourd'hui les molasses de Bastennes sont complétement épuisées, ce sont celles d'Auvergne que l'on traite de la même manière ; mais on ne peut parvenir à purger le bitume du sable très-fin qu'il retient, et il en conserve toujours environ le sixième de son poids, ce qui lui enlève toute valeur commerciale.

On a cherché, dans ces dernières années, à remplacer le bitume de Bastennes par le bitume sec de la Trinité en le ramollissant avec des huiles, résidu de la distillation des huiles lourdes provenant des schistes bitumineux d'Autun.

Lorsque l'on distille ce schiste bitumineux, on obtient pour premier produit au serpentin, une huile noirâtre appelée *huile lourde* : cette huile, distillée de nouveau, donne une huile blanche dite légère et une espèce de bitume liquide d'un brun foncé; c'est ce goudron minéral qui sert à obtenir le bitume de la Trinité dit raffiné ou épuré.

Dans une chaudière à agitateur, on met environ 800 kilogrammes de bitume de la Trinité concassé ; on y ajoute en deux fois, à une heure de distance, 250 kilogrammes de goudron de schiste. Après un chauffage et une agitation continuelle de 8 à 10 heures, suivant que la matière est plus ou moins sèche, on suspend la marche des agitateurs et on laisse reposer le mélange sur un feux doux. Lorsque les matières étrangères au bitume que contient toujours le bitume de la Trinité du commerce ont eu le temps de se déposer, on décante le contenu de la chaudière en ayant soin de laisser au fond le dépôt terreux qui s'y est formé.

On a mis dans la chaudière :

	kil.	kil.
Bitume sec de la Trinité.	800	1 050
Goudron de schiste.	250	

On recueille :

Bitume visqueux épuré.	750	820
Dépôt terreux.	70	

Il y a donc eu par évaporation une perte de 230 kilogrammes c'est-à-dire 23 p. 100, qui paraît devoir être surtout attribuée aux huiles en excès contenues dans le goudron de schiste.

On obtient ainsi un bitume qui ressemble beaucoup à celui extrait des molasses bitumineuses des Landes et de Seyssel ou des asphaltes traitées par le sulfure de carbone. Il a la même consistance, la même couleur, la même odeur ; toutefois il s'étire en fils moins longs et moins déliés.

Nous avons mis sur une même assiette de porcelaine, à côté l'une de l'autre, deux fortes gouttes de 15 millimètres cubes environ de ces deux bitumes ayant à la même température la même consistance. Nous avons incliné cette assiette sous un angle de 25 degrés environ, et nous l'avons laissée pendant tout le mois de mai dernier exposée aux intempéries de l'air et à l'ardeur du soleil. Le bitume naturel, extrait de l'asphalte, a coulé à peine de 1 centimètre pendant les premiers jours, puis s'est couvert d'une espèce de peau un peu plus sèche que l'intérieur de la goutte et est resté stationnaire. Le bitume de la Trinité, ramolli par l'huile de schiste, a coulé lentement, mais constamment, pendant toute la durée de l'expérience, sur une longueur de 7 centimètres environ, en laissant sur l'assiette une couche de bitume plus sec que l'extrémité inférieure qui a elle-même perdu un peu de sa première mollesse. A la fin de l'expérience, le bitume extrait de l'asphalte paraissait, sauf la pellicule formée à sa surface, avoir conservé le même état de viscosité et s'étirait en fils aussi fins qu'au commencement, tandis que le bitume de la Trinité épuré était devenu pâteux et avait tellement perdu de sa viscosité qu'il n'était plus possible de l'étirer et de lui faire former cette pointe déliée qui caractérise les bitumes naturels.

Cette expérience nous paraît prouver clairement que lors même que le bitume de la Trinité ne s'altérerait pas pendant le long chauffage qu'on lui fait subir avec le goudron de schiste, ce qui n'est pas prouvé, ce chauffage et cette agitation de 10 heures ne suffisent pas pour opérer le mélange des deux principes que nous avons signalés comme entrant dans la composition de tous les bitumes aussi intimement et aussi complétement qu'il existe dans le bitume que la nature nous fournit à l'état visqueux.

Il paraît excessivement probable que le bitume de la Trinité, que l'on recueille sec et cassant aujourd'hui, s'est produit à l'état visqueux et qu'il s'est desséché en perdant peu à peu son principe huileux (le pétrolène) par une lente évaporation qui dure depuis des siècles, retardée qu'elle était par l'état de combinaison ou au moins de mélange très-intime de ce principe avec celui solide, tandis que cette évaporation se produit beaucoup plus promptement lorsque le pétrolène n'est incorporé que d'une manière factice et, par conséquent, imparfaite. Nous avons constaté que le goudron de schiste, exposé à l'action de l'air et du soleil, s'épaissit et se dessèche assez promptement.

Il nous semble donc résulter d'une manière évidente de ce qui précède que l'emploi des bitumes de la Trinité ou de Cuba, ramollis par le goudron de schiste au lieu et place des bitumes visqueux naturels extraits des molasses de Bastennes, suffit à expliquer la moins bonne qualité des mastics actuels ; nous avons d'ailleurs tout lieu de penser que le goudron de schiste est souvent remplacé, dans la pratique, par des goudrons d'origine douteuse.

En résumé, nous sommes convaincu que, pour obtenir des mastics bitumineux de bonne qualité, il convient de n'ajouter à la roche d'asphalte, pour déterminer sa fusion, que des bitumes obtenus naturellement à l'état visqueux et aussi semblables que possible à ceux qui imprègnent cette roche et que l'on en extrait par le sulfure de carbone, la benzine, etc. Le mieux serait certainement de s'efforcer de trouver un moyen pratique et économique d'extraire d'une partie de ces roches le bitume à ajouter à celle que l'on fait entrer en poudre dans les pains de mastic. La compagnie générale des asphaltes fait pour cela des efforts qui doivent être encouragés, et en attendant qu'elle ait résolu ce problème, on doit n'admettre, dans la fabrication des mastics, que les bitumes extraits des molasses de Seyssel ou d'Auvergne. Comme nous l'avons dit, ces derniers retiennent toujours une grande quantité de sable ; mais comme on ajoute du sable au mastic pour son emploi en dallages, il n'y a aucun inconvénient, ce nous semble, à ce qu'il s'en trouve déjà dans les pains de mastic destinés à ces travaux.

La composition des mastics et leur préparation étant données en détail dans les mémoires que nous avons cités, nous ne croyons pas utile de nous étendre sur ce sujet, auquel nous n'aurions rien de nouveau à ajouter.

Quant au mode d'emploi, depuis la publication de ces mémoires, on a adopté à Paris une mesure fort importante et fort avantageuse au point de vue de la viabilité, mais qui n'est pas sans de graves inconvénients pour la bonne exécution du travail : nous voulons parler de l'interdiction faite aux entrepreneurs d'opérer la fusion du mastic sur le lieu même de son emploi. Jadis le mastic fabriqué et moulé en pains cylindriques à l'atelier, ainsi que l'explique M. Malo, était apporté dans cet état au lieu d'emploi, sur la voie publique, où l'on installait, aussi près que possible du dallage à faire, les fourneaux et chaudières où il était fondu, avec une addition de 5 à 6 pour 100 de bitume pur et amalgamé avec 60 à 70 pour 100 de gravier fin. Cette manipulation, qui exigeait cinq ou six heures, causait, d'une part, une grande gêne à la circulation en encombrant les chaussées étroites des rues par les appareils, le combustible et les matériaux, et, d'autre part, la fumée et l'odeur incommodaient beaucoup les passants et les riverains et détruisaient en même temps quelquefois les peintures de luxe des appartements dont les fenêtres devaient rester ouvertes pour les faire sécher.

Les plaintes soulevées par ces inconvénients étaient devenues si nombreuses, qu'il fallait ou renoncer à employer le bitume pour dallage dans les rues de Paris, ou trouver un autre moyen d'exécuter le travail. Après beaucoup d'essais et de tâtonnements, on est parvenu à construire des chaudières locomobiles à agitateur, qui ont permis d'y faire fondre le mastic et d'y introduire le sable à l'atelier, puis de transporter sur le lieu de l'application la matière liquide et prête à être employée, sans qu'elle se refroidît pendant le trajet. Le cahier des charges de la dernière adjudication a fait de l'emploi de ces locomobiles une condition obligatoire, et ce n'est plus que par exception et pour les voies excentriques, ou sur celles non encore livrées à la circulation, que l'on tolère la préparation du mastic à pied d'œuvre.

La construction et la réparation des dallages en bitume sont devenues beaucoup moins gênantes pour le public, la matière arrivant prête à être employée et étant immédiatement versée et étendue sur les trottoirs ; mais pour que cette matière puisse rester liquide pendant le trajet, souvent fort long à parcourir entre l'atelier et le lieu d'emploi, le fourneau, placé sous la chaudière pour entretenir la chaleur, est rempli de coke incandescent au moment où la locomobile sort de l'atelier, et si, pendant la marche, on néglige de faire fonctionner presque constamment l'agitateur, une partie du mastic brûle et se décompose. Il s'ensuit que la qualité des dallages souffre souvent de cette innovation.

Nous pensons donc que, chaque fois qu'il est possible de faire fondre les mastics et d'y introduire le gravier à pied d'œuvre, on doit préférer l'ancien mode au nouveau.

L'emploi des mastics bitumineux, tant pour trottoirs, chappes, etc... que pour construction de chaussée, ayant été décrit en détail dans les mémoires que nous avons cités, nous ne croyons pas avoir à y revenir ; nous devons dire toutefois que l'expérience a fait abandonner l'emploi du coltar et de toutes les huiles, même celles de résine que l'on y a quelquefois introduites dans les premiers temps. Ce que nous venons de dire de l'huile de schiste, produit minéral qui a le plus de rapport avec les bitumes, s'applique, à plus forte raison, aux autres produits analogues d'origine animale ou végétale qui ont été employés au même usage, c'est-à-dire à ramollir les bitumes trop secs. L'emploi de ces matières a été proscrit dans notre service aussi bien que celui de tous les bitumes factices essayés. Quelques bons résultats que ces bitumes aient paru donner dans les premiers temps de leur application, ils se sont desséchés et ont manqué de durée.

Ce sont ces mastics de bitume factice ou bitume de houille qui ont été employés dans les premiers essais de chaussées bitumées. M. Partiot, qui rend compte, dans le mémoire cité plus haut, du premier essai de chaussée bitumée, fait aux Champs-Élysées en 1837, pensait, en effet, comme il le dit dans ce mémoire, page 198, que le bitume factice pourrait atteindre la perfection des bitumes naturels; l'expérience n'a pas confirmé cette opinion. Les chaussées composées de fragments de quartz unis par du bitume factice, telles qu'il les décrit, ont été essayées sur plusieurs points et n'ont nulle part duré plus de deux années en état passable. Le bitume se détachait du quartz, qui restait seul et ne présentait plus, au bout de peu de temps, qu'un informe blocage.

M. Polonceau et, après lui, M. Darcy ont fait de nombreux essais de chaussées en béton bitumineux; le premier, quai de Passy, route de Versailles; le deuxième, sur le quai de Billy. Aucun de ces essais n'a été couronné de succès. Ils reposaient tous sur cette idée, émise par M. Partiot, que le mastic n'était pas propre à résister par lui-même et devait seulement servir de gangue et de ciment aux matériaux siliceux qu'il unissait, de manière à ne former, pour toute la chaussée, qu'une espèce de pierre monolithe.

Ainsi qu'il l'expose en commençant son mémoire, il avait été amené à cette opinion par ce fait que, sur plusieurs chaussées d'empierrement, les pierres les plus dures s'étaient usées par le frottement même des pierres les unes sur les autres, de telle sorte que, même au fond de l'empierrement, les pierres devenaient rondes et polies comme des cailloux roulés. Nous avons nous-mêmes consigné (ci-dessus, page 6) une observation semblable, mais seulement pour les chaussées faites avec des grès durs ou quartzites. Dans les empierrements composés de meulières, porphyre ou basalte, nous avons, au contraire, constaté qu'après un très-long service, les pierres du fond de l'empierrement avaient conservé leurs arêtes aussi vives qu'au moment de l'emploi. L'observation qui a guidé M. Partiot n'est donc pas générale, et le moyen qu'il avait imaginé de souder les pierres les unes aux autres par un mastic bitumineux, destiné seulement à les priver de mobilité, n'a pas réussi. Le mastic devenant sec et cassant en hiver, et n'ayant pas la même résistance que les pierres, s'écrasait, se détachait, et les pierres, sous l'action répétée des roues et des pieds des chevaux, se brisaient et sortaient de leurs alvéoles.

Toutes les chaussées formées de béton bitumineux n'ont pas eu de durée; et comme, d'ailleurs, on ne pouvait facilement réparer les dégradations dès qu'elles se produisaient, elles ont été détruites en peu de temps.

Tandis qu'on essayait ainsi à Paris ces bétons bitumineux, M. de Coulaine, à Saumur, faisait avec succès les essais de chaussées en mastic et en asphalte, employé à froid, dont il rend compte dans son mémoire.

A son retour d'Angleterre, M. Darcy fit construire, sur quelques points des Champs-Élysées et des boulevards, des chaussées analogues, et en octobre 1850, M. Dupuit, qui venait de remplacer M. Darcy comme directeur du service municipal, proposa la construction d'une chaussée en asphalte à froid, d'après les procédés de M. de Coulaine, et invita cet ingénieur à venir lui-même en surveiller l'exécution.

Cet essai, qui devait d'abord être tenté sur l'avenue Marigny et le faubourg Saint-Honoré, fut, en définitive, autorisé pour la rue de la Barillerie, voie très-fréquentée, absorbée depuis par le boulevard du Palais, qui traverse la Cité, devant le palais de justice.

Cette chaussée fut construite par M. Devarannes, gérant alors la société des bitumes de Seyssel, sous la direction immédiate de M. l'ingénieur Mabyer et de M. de Coulaine, qui y fit appliquer le mode décrit par lui, page 264 de son mémoire. On y employa, pour la première fois, un rouleau compresseur automoteur, c'est-à-dire mû par des ouvriers placés sur le rouleau lui-même, ce qui évitait l'action destructive du pied des chevaux, et la couche asphaltique fut appliquée sur l'ancien pavage bien réparé et dont on se borna à dégrader les joints. Cette chaussée, au moment où elle fut livrée à la circulation, présentait un aspect fort satisfaisant, mais qu'elle ne conserva pas longtemps; aucune des réparations faites pendant l'hiver ne pouvait tenir, et il fallait refaire toute la chaussée au printemps. Dès juin 1852, son état de dégradation motivait une plainte du préfet de police, et après une longue contestation avec l'entrepreneur, la réparation dut être faite en régie. M. Mahyer, en rendant compte de cette réparation, s'exprime ainsi sur le compte de cette chaussée : « Elle est composée de divers couches d'asphalte graissé « avec un mélange d'huile de résine et de goudron; la « couche supérieure seule est saturée de ce mélange et « peut être regardée comme imperméable à l'humidité; « quand elle est usée, les couches inférieures, qui sont « loin d'être saturées, sont promptement pénétrées par « l'eau et s'usent, dès lors, à très-peu près, comme un « empierrement ordinaire. »

Dès le mois de janvier suivant, le préfet de police se plaignait de nouveau du mauvais état dans lequel se trouvait déjà la rue de la Barillerie, et la saison ne permettait pas la réparation. Enfin, après deux nouvelles réparations en régie, faites à peu d'intervalle, les ingénieurs déclarèrent que l'entretien annuel de cette chaussée coûterait au moins 6 francs par mètre quarré. L'entrepreneur, qui avait pris l'engagement d'entretenir cette chaussée à forfait, au prix de 1f.20 par mètre quarré, demanda avec instance à être déchargé de cet entretien, et son marché fut résilié par arrêté du 21 juillet 1855. En même temps, le préfet autorisa les ingénieurs à remplacer l'asphalte par un empierrement ordinaire.

La chaussé construite dans la rue de la Barillerie a donc subsisté pendant quatre ans et quelques mois, mais elle était refaite presque complétement chaque année et ne se maintenait en bon état que pendant les mois d'été qui suivaient cette réfection.

M. de Coulaine convient, en effet, lui-même que la construction et les réparations des aires bitumées, telles qu'il les indique, ne peuvent se faire avec succès que du 1er mai au 15 septembre. On conçoit, d'après cela, que ces chaussées ont pu réussir sur des voies peu fréquentées, où les dégradations peu nombreuses qui se formaient pendant l'hiver pouvaient atteindre le mois de mai pour être réparées, tandis que, sur une voie où la fréquentation est considérable, la chaussée avait le temps de se détruire presque entièrement avant que l'on pût y porter remède. La fréquentation du pont de Saumur, citée par M. de Coulaine comme la plus considérable que ses chaussées aient eu à supporter, est de 700 colliers; celle de la rue de la Barillerie devait être au moins de 4 000. En un seul mois, cette rue devait donc se dégrader autant que le pont de Saumur en six mois. Ne pouvant être efficacement réparées, les dégradations augmentaient à tel point que la circulation s'y trouvait compromise, et qu'après six mois une réfection presque complète devenait nécessaire.

Les travaux faits par M. de Coulaine ont toutefois, comme on le voit, avancé beaucoup la solution du problème en substituant à des bétons formés de matières très-hétérogènes une couche parfaitement homogène, légèrement élastique et très-résistante à l'écrasement. Le seul défaut des chaussées en asphalte, construites à froid, par les procédés indiqués et suivis par cet ingénieur, est, ainsi que l'a prouvé l'essai de la rue de la Barillerie, de ne pouvoir être construites et réparées que pendant la belle saison; ce défaut tient surtout à l'emploi de l'huile de résine, destinée à souder les particules de la roche asphaltique. Cette huile, en effet, devant s'évaporer ou s'épaissir pour laisser l'asphalte se reconstituer en une masse compacte, cet effet ne peut bien se produire que pendant la saison chaude et sèche.

C'est en supprimant l'emploi de cette huile et en obtenant l'agglutination de l'asphalte par un autre moyen, celui de la chaleur, que l'on est parvenu à faire les chaussées d'asphalte comprimé en usage actuellement.

Ainsi que l'a exposé M. Malo, on prend, pour former ces chaussées, l'asphalte le plus riche en bitume, celui du val de Travers, qui contient, comme nous l'avons dit, 12 p. 100 de bitume; on le réduit en poudre; on chauffe cette poudre à 140 degrés environ et on la répand sur une aire en béton où on la pilonne fortement. A cette température, le bitume que contient la roche la ramollit suffisamment pour que chaque parcelle se soude et s'agglutine à la parcelle voisine, et pour que la roche se reconstitue, pour ainsi dire à son état primitif, de manière que toute la chaussée ne forme qu'une seule masse dure et parfaitement homogène.

La roche du val de Travers est jusqu'à ce jour la seule avec laquelle on ait pu réussir à faire à Paris des chaussées en asphalte comprimé; celle de Seyssel ne contient pas, à ce qu'il paraît, une proportion de bitume assez considérable pour que les particules puissent se souder promptement et solidement ensemble sous l'action de la chaleur et du pilon. Cependant nous avons vu à Seyssel des voies d'exploitation où les débris de roche, écrasés et comprimés par les roues des chariots lourds et à larges jantes qui fréquentent ces chemins, ont fini par se souder ensemble et former une aire compacte et très-résistante; mais cet effet a sans doute été long à se produire et n'a pas été contrarié, comme il le serait sur nos voies de Paris, par les pieds des chevaux qui y circulent au trot. Toutefois, ce fait doit faire présumer que l'on pourrait réussir à faire des chaussées en asphalte comprimé avec la roche de Seyssel en employant des moyens très-énergiques de compression.

La pulvérisation de la roche s'obtient, comme l'a dit M. Malo, soit par la décrépitation à la chaleur, soit par le broyage à froid ; aujourd'hui l'on emploie surtout le dernier de ces moyens, pour lequel, comme nous l'avons dit, une machine très-perfectionnée a été construite par la compagnie générale des asphaltes. Le premier a souvent l'inconvénient de brûler et de décomposer la poudre qui repose directement sur la tôle du décrépitoire. La poudre doit ensuite être chauffée dans les cylindres dont nous avons déja parlé et doit être apportée à pied d'œuvre dans des coffres hermétiquement fermés et versée, aussitôt qu'elle arrive, sur l'aire préparée pour la recevoir.

Jusqu'à présent, à Paris, cette aire a été ordinairement une couche de béton calcaire de $0^{m}.10$ d'épaisseur, mais on a reconnu que ce mode de fondation présente, ainsi que l'a dit M. de Coulaine, de graves inconvénients. Outre ceux qu'il a parfaitement signalés dans son mémoire, il arrive souvent que le béton n'étant pas parfaitement sec, la chaleur de la poudre d'asphalte cause une évaporation qui s'oppose à sa cohésion. La chaux elle-même est entraînée par la vapeur d'eau, et en enlevant des fragments des chaussées qui avaient mal réussi, nous avons souvent constaté que, jusqu'à moitié de leur épaisseur, on voyait des traces blanches accusant la présence de la chaux ainsi entraînée.

Un empierrement bien pris paraît être, comme le dit M. de Coulaine, la meilleure fondation pour une chaussée en bitume; mais comme presque toutes les chaussées en asphalte que nous avons fait établir à Paris ont été construites en remplacement de chaussées pavées, il était difficile de remplacer d'abord ce pavé par un empierrement pour y substituer peu après une chaussée d'asphalte ; aussi a-t-on d'abord essayé de remplacer le béton calcaire par un béton bitumineux. Les chaussées des rues des Petites-Écuries et de Buffon ont été construites ainsi. Ce moyen a mal réussi, et l'on s'est borné seulement alors à couvrir la couche de béton calcaire par un dallage très-mince en bitume coulé; ce mode réussit bien, mais il est dispendieux, et nous essayons en ce moment, en nous servant du rouleau à vapeur dont nous avons déjà parlé, de revenir à un empierrement, malgré les difficultés que rencontre son application dans des rues fréquentées où la circulation doit être entravée le moins longtemps possible.

En général, les chaussées en asphalte comprimé, construites depuis quelques années, se sont bien comportées et paraissent, comme nous l'avons dit, résoudre à peu près le problème que l'on s'était posé de construire des chaussées réunissant les avantages des empierrements et des pavages sans en avoir les inconvénients. Elles sont unies, exemptes de boue et de poussière, et peu glissantes lorsqu'elles sont bien propres et qu'on a soin d'enlever, par de fréquents lavages, la boue grasse qui les recouvre, ou de les sabler légèrement. D'après des expériences faites en diverses saisons, la traction y est facile pendant la plus grande partie de l'année : le coefficient de cette traction n'atteint celui des empierrements récents que pendant les grandes chaleurs et n'atteint pas même celui des pavages tant que le thermomètre est au-dessous de 10 degrés.

Leur prix de construction à Paris n'est pas supérieur au prix moyen des pavages un peu soignés; d'après le marché actuel, le mètre quarré de chaussée en asphalte comprimé, de $0^{m}.04$ d'épaisseur, sur couche de béton de $0^{m}.10$ coûte 14 francs; chaque centimètre d'excédant d'épaisseur coûte 1 franc par mètre: pour les voies les plus fatiguées, on donne ordinairement $0^{m}.05$, ce qui porte le prix du mètre quarré à 15 francs.

Les réparations de ces chaussées sont faciles; toutefois

on n'a pu parvenir, jusqu'à ce jour, à recharger les parties usées ou flacheuses ; la poudre d'asphalte, étendue en couche trop mince, ne conserve pas sa chaleur suffisamment pour pouvoir s'agglutiner et se souder à l'asphalte déjà comprimé ; il faut enlever les parties à réparer, mais il suffit d'arracher ces parties en coupant net les bords et de remplir la cavité avec de la poudre chaude que l'on pilonne fortement ; l'asphalte qui en provient, lorsqu'il n'a pas été altéré, peut d'ailleurs être réemployé pour faire du mastic bitumineux, aussi bien que la roche, dans son état primitif. Ces petites portions neuves de chaussée se relient parfaitement avec les parties adjacentes et, peu de temps après, il n'est plus possible de voir les lignes de jonction.

La chaussée de la rue Neuve-des-Petits-Champs ayant été exécutée dans de mauvaises conditions, par un temps froid et humide, avait fort mal réussi ; elle a dû être refaite presque entièrement, par petites parties et sans intercepter la circulation ; sauf la régularité du profil qui en a souffert, cette chaussée s'est trouvée, au bout d'une année, aussi bonne que si elle eût été construite régulièrement.

Le plus grand défaut des chaussées en asphalte comprimé est encore celui que nous avons signalé et qui a fait abandonner les chaussées en bitume à froid de M. de Coulaine, c'est-à-dire la difficulté de les construire et de les réparer convenablement par les temps froids et humides.

En apportant la poudre dans des caisses bien fermées, en séchant avec soin la fondation et en opérant à couvert sous une bâche, on peut réussir à appliquer par tous les temps, et l'expérience a prouvé que quelques chaussées, exécutées dans les saisons les plus mauvaises, ont donné de bons résultats ; mais ces précautions sont difficiles à observer et il, est bien rare que l'on puisse obtenir des ouvriers tout le soin que le travail exige alors; aussi la plupart des travaux de ce genre, exécutés l'hiver, n'ont aucune durée.

L'hiver de 1864-1865 ayant été très-long, beaucoup de nos chaussées, qui avaient très-bien résisté les années précédentes, ont été presque complétement détruites et les réparations du printemps 1865 ont été considérables. Les dégradations qui se sont produites dès les derniers mois de 1864 n'ont pu être convenablement réparées qu'en avril et mai 1865, et dans ces chaussées, comme dans celles en empierrement, les plus légères dégradations, non réparées à temps, atteignent promptement une grande importance.

Tant que l'on ne sera pas parvenu à exécuter, facilement et d'une manière certaine, les travaux d'asphalte comprimé, par tous les temps, il ne sera pas possible d'en généraliser l'emploi à Paris, et on ne pourra être fixé sur le prix moyen de leur entretien; ce prix, jusqu'à ce jour, a été tellement variable, suivant les circonstances, qu'on n'a pu le connaître; il paraît toutefois devoir varier entre 1 et 2 francs.

Un autre inconvénient grave que présentent, à Paris, les chaussées en asphalte, et qui s'oppose à leur généralisation, est l'altération rapide qu'éprouve le bitume sous l'action du gaz. Lorsque une fuite de gaz a lieu sur une conduite posée en terre sous une chaussée asphaltique, on ne peut la reconnaître de suite; le gaz finit toujours par atteindre l'asphalte et lui fait éprouver une altération qui gagne progressivement jusqu'à sa surface; l'asphalte devient mou et spongieux et ne résiste plus à l'action du roulage et aux pieds des chevaux. On ne peut donc établir de chaussée de cette nature que dans les rues où les conduites de gaz sont placées sous les trottoirs. Dans les rues nouvellement canalisées, c'est ainsi qu'elles sont, en général, disposées; mais dans les anciennes rues, elles sont ordinairement placées sous les chaussées, et le traité passé entre la ville et la compagnie d'éclairage ne permet pas d'exiger d'elle le déplacement de ces conduites pour les reporter sous les trottoirs.

Toutefois l'asphalte comprimé, si facile à entretenir constamment en bon état de propreté, et ne causant ni bruit ni trépidations dans les édifices, a de tels avantages sur le pavage et le macadam, que tous les habitants de Paris sollicitent son emploi dans les rues où ils demeurent. On réclame surtout son établissement aux abords des églises, des administrations publiques et des théâtres, pour lesquels le bruit incessant des voitures devient une gêne insupportable, et l'administration municipale est forcée chaque année d'étendre ce nouveau mode de chaussée.

Comme nous l'avons dit, une seule roche cependant, celle du val de Travers, contient la proportion convenable de bitume pour former ces chaussées ; aussi l'on a depuis longtemps cherché à composer de toute pièce cette roche asphaltique. Ce problème paraissait en effet facile à résoudre ; car, si on lave avec de la benzine ou du sulfure de carbone de la roche du val de Travers pulvérisée, tout le bitume est dissous, le calcaire reste pur et blanc au fond du vase, et l'évaporation du liquide dissolvant permet de recueillir le bitume parfaitement pur. Il semble donc qu'il doit être aisé d'imprégner du calcaire pulvérisé de bitume dans la proportion voulue pour obtenir l'asphalte le plus convenable au but que l'on se propose. Jusqu'à présent cependant l'expérience a déjoué tous les essais. Il est vrai que l'on a toujours essayé de pénétrer le calcaire de bitume en employant seulement la chaleur et en se contentant de mélanger du calcaire en poudre avec du bitume en fusion. Or, pour conserver le bitume à la température voulue pour le maintenir en fusion, et pour pouvoir malaxer suffisamment ce mélange pâteux, il faut le chauffer longtemps à une température de 160 degrés au moins, et comme le degré où le bitume se volatilise et se décompose est très-près de celui de sa fusion, il s'altérait probablement pendant l'opération. De plus, le bitume fondu restant toujours plus ou moins visqueux, il ne pénétrait pas intimement les particules de calcaire avec lesquelles il était en contact et l'on ne parvenait pas ainsi à obtenir cette union complète et pour ainsi dire des molécules que la nature a produite dans les roches asphaltiques par des moyens qui nous sont inconnus, et qui ne sont pas d'ailleurs à la disposition de l'industrie humaine.

Un chimiste distingué, M. Bresson, a eu dernièrement l'idée de chercher à obtenir cette pénétration intime des deux substances à l'aide de la dissolution du bitume dans la benzine ou tout autre dissolvant.

Pour cela il construit un appareil consistant en une chaudière cylindrique close hermétiquement et traversée à l'aide d'une boîte à étoupe par un agitateur; sur l'axe de cet agitateur est montée une roue d'engrenage commandée par un pignon mû par des hommes ou une machine; la chaudière est complétement enveloppée par un fourneau.

Il verse dans cette chaudière, par une ouverture ménagée à cet effet et facile à fermer, 900 kilogrammes de poudre de calcaire similaire à celui composant la roche de Seyssel, 110 kilogrammes de bitume minéral (de Cuba ou de la Trinité), dissous dans 160 kilogrammes de benzine (ou autre dissolvant). On produit alors le mélange en faisant mouvoir l'agitateur, et il se forme une espèce de mortier noir assez clair; alors, en élevant la température, la benzine distille; on la recueille à l'aide d'un serpentin pour être réemployée à d'autres opérations semblables. Quand tout est distillé, on force un peu le feu, de manière à élever la température à 200 degrés environ, et l'on doit obtenir alors à l'état pâteux de l'asphalte tout à fait analogue à celui du val de Travers et prêt à être employé. Ce procédé, très-rationnel, à paru présenter assez de chances de succès pour qu'un essai ait été autorisé. En ce moment, M. Bresson vient de construire l'appareil décrit ci-dessus, et va sous peu essayer d'exécuter ainsi, rue Saint-Honoré, devant l'oratoire, une portion de chaussée en asphalte comprimé artificiel.

Un autre chimiste, M. Mignot, espère parvenir plus sûrement encore à constituer de l'asphalte artificiel similaire en imprégnant le calcaire de bitume, non par voie de dissolution, mais par vaporisation.

Il opère de la manière suivante : il réduit en poudre impalpable le bitume sec (Trinité ou Cuba) au moyen de deux meules creuses horizontales fortement refroidies par des mélanges réfrigérants ; il ajoute au brai minéral devenu très-friable et peu vaporisable par l'action du froid produit à l'intérieur des meules, une certaine quantité de sciure de bois très-fine et bien desséchée, afin de faciliter sa pulvérisation et d'absorber les vapeurs qui auraient pu se produire pendant l'opération. Ensuite, après avoir bien desséché de la sciure de bois, des résidus charbonneux de schiste et du carbonate de chaux réduit en poudre, il les met dans un cylindre muni d'un mélangeur et exactement clos, où elles sont imprégnées de vapeurs bitumineuses obtenues par la vaporisation des huiles lourdes provenant des bitumes naturels en quantité suffisante pour, après leur condensation, former avec la quantité de brai pulvérisé à y ajouter 12 p. 100 environ de bitume visqueux.

Par la condensation des vapeurs bitumineuses, dit-il, le calcaire et les autres matières inertes sont prédisposées le mieux possible pour s'imprégner de la poussière fine de brai que l'on introduit alors dans le cylindre et après cette imprégnation ; le cylindre étant chauffé à 140 ou 150 degrés, au moyen d'air chaud, l'opération est terminée.

M. Mignot dit obtenir ainsi un mastic qu'il a nommé végéto-minéral désagrégé, avec lequel il a composé déjà des tuyaux de conduite d'eau très-résistants, et il est en instance auprès de M. le ministre des travaux publics pour obtenir que ce mastic soit essayé pour la construction des chaussées.

RENSEIGNEMENTS SUR LA FRÉQUENTATION DES VOIES EMPIERRÉES DE PARIS ET SUR L'ACCROISSEMENT DE LA CIRCULATION GÉNÉRALE.

Les tableaux ci-après montrent l'énorme augmentation de la circulation sur les voies empierrées de la capitale.

Dans le premier tableau, nous avons mis en regard des chiffres constatés en 1850 et publiés par M. l'inspecteur général Darcy dans son Mémoire sur les chaussées de Paris et de Londres (imprimé dans les *Annales des ponts et chaussées*, juillet et août 1851) ceux qui ont été constatés par les comptages faits en 1857, 1858 et 1859 à diverses époques. On voit que la circulation avait presque doublé de 1850 à 1859.

Le deuxième tableau nous a été fourni par la préfecture de police qui, en 1853, 1856 et 1859, a fait faire des recensements des chevaux et voitures des particuliers et des rouliers qui circulent journellement dans la capitale, et qui tenait alors une statistique exacte des chevaux et des voitures des services publics.

On doit observer que pour les voitures bourgeoises et de roulage le nombre des chevaux était alors peu supérieur à celui des voitures, les propriétaires des chevaux ayant plusieurs voitures qui n'attellent jamais en même temps.

Il n'y avait pas plus de 10 000 chevaux affectés aux voitures bourgeoises; plus de 23 000 étaient occupés au transport des marchandises; les deux cinquièmes du nombre total des chevaux étaient donc employés au roulage.

Le service des omnibus avait déjà été complétement modifié, et les renseignements donnés en 1850 par M. Darcy, sur ce service, n'étaient déjà plus d'accord avec l'état dans lequel il se trouvait alors. Le réseau exploité par les omnibus était de 100 kilomètres, et la longueur moyenne des lignes desservies par chaque voiture était de 6 500 mètres. Chaque omnibus faisait en moyenne, 14 voyages; il parcourait, par conséquent, plus de 90 kilomètres par jour. Chaque omnibus contient 26 places dont 20, en moyenne, sont toujours occupées. Le nombre des personnes transportées par omnibus a été de plus 50 millions, en 1857, 61 millions en 1858, et 66 200 000 en 1859 (*).

Les chiffres donnés par M. l'inspecteur général Darcy, dans son Mémoire sur les chaussées de Londres et de Paris, en 1850, publié dans les *Annales des ponts et chaussées*, étaient loin d'être exacts. Aucun recensement des voitures et des chevaux appartenant aux particuliers n'avait alors été fait; les chiffres donnés dans le tableau ci-après résultent des statistiques dressées avec le plus grand soin en 1853, et surtout en 1856, en vue de l'impôt sur les voitures et enfin en 1859. Dans ce dernier recensement, on a seulement constaté le nombre total des chevaux, sans séparer ceux affectés aux divers services. Le recensement de 1856 avait été fait l'hiver, d'octobre en mars; celui de 1859 a été fait l'été, ce qui explique une différence en moins dans quelques chiffres.

Aucun recensement général n'a été fait depuis, mais les renseignements que nous donnons dans le tableau n° 3 ci-après ont été puisés par nous à des sources authentiques.

(*) Le tableau n° 3 que nous donnons ci-après montre combien le service des omnibus a pris de développements depuis l'annexion des communes suburbaines à Paris, et quel a été son accroissement de 1859 à 1865.

TABLEAU N° 1. — *Sur la fréquentation des voies de Paris en 1859.*

1° RENSEIGNEMENTS SUR L'ACCROISSEMENT DE LA CIRCULATION DANS PARIS.

INDICATION des voies publiques.	CIRCULATION journalière en colliers		Augmentation.	Diminution.	OBSERVATIONS.
	en 1850.	en 1859.			
Avenue des Champs-Élysées.	8 959	14 478	5 519		(1) Le percement de la rue de Rivoli et du boulevard de Sébastopol explique l'énorme augmentation de circulation sur cette voie. Depuis 1856, la circulation a doublé sur cette rue, près la tour Saint-Jacques, par suite de l'ouverture du boulevard de Sébastopol. Elle était, en 1856, de 7 860; elle est aujourd'hui de 14 000.
Boulevard des Capucines. . .	9 070				
Boulevard des Italiens. . . .	10 750	22 742	11 992		
Boulevard Poissonnière. . .	7 720				
Boulevard Saint-Denis. . . .	9 609	24 403	14 794		
Boulevard du Temple. . . .		7 632			
Boulevard des Filles du Calvaire.	5 856	8 388	2 532		
Moyenne pour le boulevard entier.	8 600	14 520	5 920		
Rue du faubourg Saint-Antoine.	8 959				
Rue de Rivoli, près le Louvre (1).	4 000	12 320	8 320		
Quais de la rive droite, du pont Neuf au pont Royal.	2 000	5 967	3 967		

TABLEAU N° 2. — *Sur la fréquentation des voies de Paris en 1859.*

2° ÉTAT COMPARATIF
du nombre des voitures et des chevaux de toute sorte existant dans Paris ou dans les communes du département de la Seine et circulant dans Paris en 1859
(*renseignements fournis par la préfecture de police*).

	VOITURES				CHEVAUX			
	1853.	1856.	1858.	1859.	1853.	1856.	1858.	1859 (4)
Voitures bourgeoises.	4 334	7 126	7 126	8 151 (2)	pas de recensement spécial.	33 453	33 453	33 872
Id. de roulage.	10 458	22 258	22 258 (1)	21 628 (3) et (4)				
Id. de messageries. .	500	210	279	180	*id.*	676	803	535
Id. de banlieue et du ressort.	400	638	890	800	*id.*	1 393	1 944	1 800
Omnibus.	393	359	400	412	*id.*	3 764	4 500	4 774
Id. des chemins de fer.	136	117	147	108	*id.*	351	735	680
Voitures de grande remise.	892	1 288	1 640	1 752	*id.*	1 830	3 280	3 500
Id. sous remise. . . .	2 578	2 924	3 287	3 280	*id.*	4 500	4 978	4 900
Id. de place.	1 998	2 454	2 454	2 452	*id.*	6 250	6 250	6 250
Totaux.	21 690	37 374	38 491	38 763	»	52 217	55 943	56 311

OBSERVATIONS.

(1) En 1858, il n'a pas été fait de recensement nouveau pour les voitures bourgeoises et de roulage; on a conservé les chiffres de 1856.

(2) Dont { 1 837 à 2 roues.
6 314 à 4 roues.

(3) Dont { 18 533 à 2 roues.
3 095 à 4 roues.

(4) En 1859, le nombre total des chevaux a été seul constaté; la répartition entre les diverses espèces de voitures est approximative.

TABLEAU N° 3.

Accroissement de la circulation sur les voies principales, de 1859 à 1863.

DÉSIGNATION des voies.	CIRCULATION moyenne donnée dans la notice de janvier 1860.		CIRCULATION en 1863.		AUGMENTATION ou diminution.	
	Voitures.	Colliers.	Voitures.	Colliers.	Voitures.	Colliers.
Rue du Faubourg-Saint-Honoré	5 036	6 464	6 440	7 723	+ 1 404	+ 1 159
Rue Royale	11 893	15 043	16 088	20 883	+ 4 195	+ 5 790
Quais de la rive droite entre les places de la Concorde et du Châtelet	4 285	5 967	3 271	4 808	— 1 014	— 1 159
Quai Saint-Michel	4 840	7 031	3 458	5 104	— 1 382	— 1 927
Pont d'Austerlitz	5 933	8 256	6 376	9 033	+ 443	+ 777
Pont d'Arcole	4 415	5 646	4 463	6 034	+ 48	+ 389
Pont Neuf	7 926	10 226	8 766	12 146	+ 840	+ 1 920
Boulevards intérieurs	15 605	20 544 (1)	18 682 (2)	24 099	+ 3 077	+ 3 555
Boulevard Sébastopol (rive droite)	5 664	7 584	9 313	12 178	+ 3 649	+ 4 594
Boulevard de Strasbourg	8 955	10 541	10 969	14 348	+ 2 014	+ 3 807
Boulevard Sébastopol (rive gauche) (3)	4 361	6 150	9 222	12 570	+ 4 861	+ 6 420
Rue de Rivoli, de la place de la Concorde à la rue Saint-Denis	9 437	12 320	11 645	15 457	+ 2 208	+ 3 137
Rues de Rivoli (2e partie) et Saint-Antoine	8 612	10 030	7 699	10 437	— 913	+ 407
Place de la Bastille	10 686	14 060	11 045	15 612	+ 359	+ 1 552
Rue de Rennes	3 640	5 278	4 039	5 690	+ 399	+ 412
Boulevard Magenta	3 440	4 487	6 627	8 751	+ 3 187	+ 4 264
Boulevard du Prince-Eugène	»	»	3 217	4 427	+ 3 217	+ 4 427
Quais de Billy et de la Conférence	2 217	3 468	2 879	4 045	+ 662	+ 577
Boulevard Richard-Lenoir	»	»	2 617	3 696	+ 2 617	+ 3 696
Pont Royal	5 970	8 108	7 407	9 771	+ 437	+ 1 663
Totaux	122 915	161 302	154 223	206 762	31 308	45 460

OBSERVATIONS.

(1) Entre la Madeleine et la rue du Faubourg-du-Temple.
(2) Boulevards de la Madeleine, des Italiens et de Montmartre seulement.
(3) Cette voie n'a été prolongée qu'en 1860.

On voit, par ce tableau, que la circulation a augmenté d'un quart environ

RENSEIGNEMENTS STATISTIQUES

Le tableau ci-contre montre que, sur les voies principales du centre de Paris, la circulation a augmenté, de 1859 à 1864, d'un quart environ. Il est probable toutefois que la circulation générale de Paris n'a pas augmenté dans une proportion aussi forte, et qu'il y a eu seulement pour plusieurs voies un déplacement de circulation. Toutefois, il est hors de doute que, par suite de l'annexion et des grands travaux exécutés à Paris, la circulation générale s'accroît rapidement.

Aucun recensement général des voitures et des chevaux n'a eu lieu depuis 1859 ; nous ne pouvons donc dresser un tableau semblable à celui que nous avons donné en 1860 ; mais nous avons pu nous procurer quelques renseignements sur les voitures publiques qui témoignent de cet accroissement :

1° Le service des omnibus a pris, depuis 1859, un immense développement, ainsi qu'on le voit par le tableau suivant :

Accroissement progressif du service des omnibus pour l'intérieur de Paris de 1859 à 1864.

Années.	Nombre moyen de voitures en service par jour.	Nombre de chevaux idem.	Kilomètres parcourus journellement par les voitures	Nombre de voyageurs transportés dans l'année	OBSERVATIONS.
1859	412	4 774	38 371	66 247 157	Le tableau ci-joint ne comprend que le service dans l'intérieur de Paris. La longueur moyenne des lignes d'omnibus y est de 6 900m et chaque voiture fait 14 voyages par jour, avec le service de banlieue. La compagnie employait, en 1864, 646 voitures et 7 832 chevaux ; elle vient d'augmenter beaucoup le service de l'intérieur de Paris, et a aujourd'hui 664 voitures et 8 600 chevaux.
1860	432	5 175	40 150	67 766 935	
1861	502	6 041	47 677	76 285 538	
1862	526	6 332	50 403	81 939 603	
1863	537	6 362	51 911	89 685 284	
1864	562	6 831	54 491	93 279 721	

2° Le nombre des voitures de place n'a pas beaucoup augmenté, il est aujourd'hui de 2 700; mais ces voitures circulent beaucoup plus, car le nombre des chevaux qui y étaient employés en 1859 n'était que de 6250; aujourd'hui il est de 8 800 environ, dont 8 661 appartenant à la compagnie dite des *Petites Voitures*.

Le nombre des voitures sous remise est de 2 505, celui des voitures dites de grande remise de 2 700, les omnibus des chemins de fer et les voitures publiques des banlieues de 481, enfin les voitures de toute sorte, transportant des colis, marchandises ou matériaux, est d'environ 22 000. On n'a pas fait de nouveau recensement des voitures bourgeoises, dont le nombre aujourd'hui doit dépasser 8 000.

L'administration des postes emploie 175 chevaux et 72 voitures, qui parcourent par jour 1 956 kilomètres.

TABLEAU N° 4. — *Dépenses moyennes pendant la période* **1860-1861-1862-1863** *et* **1864** *sur toutes les voies empierrées de la division centrale de Paris.*

DÉSIGNATION des sections.	Surfaces en empierrement.	FOURNITURE DE MATÉRIAUX.					MAIN-D'OEUVRE				Dépense totale de l'entretien par mètre quarré.
		Cubo total.	Prix moyen du mètre cube.	Dépense par section.	Cube par mètre quarré.	Dépense par mètre qarré.	Dépense en cantonniers.	Dépense en auxiliaires.	Dépense par section.	Dépense par mètre quarré.	
1re section (1).	285 355	19 447	24.61	378 448	0.068	1.33	147 247	90 323	237 570	0.83	2.16
2e section (2).	102 915	9 094	26.63	242 201	0.088	2.35	67 814	26 452	94 266	0.92	3.27
3e section (3).	116 337	17 774	21.89	388 427	0.152	3.34	96 468	56 495	152 963	1.31	4.65
4e section (4).	114 681	10 764	19.96	214 932	0.094	1.87	65 014	19 127	84 141	0.73	2.60
5e section (5).	130 678	10 970	21.23	232 887	0.084	1.78	59 236	47 217	106 453	0.81	2.59
Totaux.	749 966	68 019	21.42	1 456 895	0.091	1.94	435 779	239 614	675 393	0.90	2.84

(1) La 1re section comprend les quartiers des Invalides et des Champs-Élysées limités par les anciens boulevards extérieurs (rive gauche et rive droite), la Seine, les rues de la Paix, de la Chaussée-d'Antin, de Clichy, d'Iena, le boulevard des Invalides et la rue des Fourneaux.

(2) La 2e section comprend les quartiers du Louvre, des Halles et de la Bourse, limités par la 1re section, les anciens boulevards extérieurs, la Seine et les rues Saint-Denis, du Faubourg-Saint-Denis.

(3) La 3e section comprend les quartiers de l'Hôtel de Ville, du Marais et du faubourg Saint-Martin, limités par la 2e section, les boulevards, la Seine, la rue du Faubourg-du-Temple, les boulevards intérieurs et Contrescarpe. Cette section est celle où il y a la plus grande circulation de voitures lourdement chargées.

(4) La 4e section comprend les quartiers de la Bastille, des faubourgs Saint-Antoine et du Temple, et du Jardin des Plantes, limités par la 3e section, les anciens boulevards extérieur et de l'Hôpital.

(5) Enfin la 5e section comprend les quartiers Notre-Dame, des Écoles, du Luxembourg, du faubourg Saint-Germain, et a pour limites les 4e et 1re section.

Tableau N° 5. — *Usure et dépenses par kilomètre et* **100** *colliers sur les voies principales.*

DÉSIGNATION des voies empierrées.	LONGUEURS.	SURFACES.	Fréquentation moyenne et journalière en colliers.	Quantités de matériaux employés par voie.	Prix moyen des matériaux employés.	DÉPENSE		Dépense totale par voie.	Consommation de matériaux par kilomètre et 100 colliers.	Dépense en matériaux et main-d'œuvre par kilomètre et 100 colliers.	OBSERVATIONS.
						en matériaux.	en main-d'œuvre.				
Rue du Faubourg-Saint-Honoré.	2 116	18 541	7 144	2 723	31.60	80 625	36 120	116 745	18.01	772.29	(1)
Quais de la rive droite (3e partie) : quai de la Rapée, boulevard Mazas et rue de Reuilly.	3 259	27 243	2 995	1 708	15.31	26 158	13 007	39 165	17.49	401.25	
Quais de la rive gauche, quai Saint-Bernard.	685	4 862	10 322	779	21.77	16 966	5 776	22 742	11.02	321.50	(2)
Quais de la Tournelle et Montébello. . . .	492	3 676	8 058	731	19.34	13 927	6 107	20 034	18.44	505.33	(3)
Quai Saint-Michel.	185	863	6 068	223	29.20	6 512	1 564	8 076	19.86	719.41	
Quai des Orfèvres.	149	1 185	2 255	71	19.34	1 373	1 144	2 517	21.13	749.12	(1)
Quais compris entre les ponts Neuf et de la Concorde.	1 720	22 665	7 793	1 386	22.41	31 059	12 826	43 885	10.34	327.40	
Pont d'Austerlitz.	264	1 415	8 645	352	30.48	10 728	2 431	13 159	13.23	576.56	
Pont de la Tournelle.	153	1 728	3 323	286	11.46	3 279	1 653	4 392	56.25	863.85	
Pont de l'Archevêché.	84	846	4 391	131	29.35	3 847	1 236	5 083	35.52	1 378.09	(5)
Pont d'Arcole.	104	841	5 838	119	24.74	2 944	1 668	4 612	19.60	759.61	

(1) La chaussée de cette voie étant en quartzite et meulière, elle a été refaite presque entièrement en 1861, et reconstruite en porphyre ; les chiffres ci-contre ne reproduisent donc pas l'entretien normal.

(2) Le milieu seul de la voie est empierré ; il y a de larges accotements pavés qui reçoivent une partie de la circulation ; l'empierrement était très-usé en 1859 ; il a été rétabli à son état normal.

(3) Un rechargement général a été fait en 1859.

(4) Voie momentanément très-fatiguée par les travaux de reconstruction du palais de justice.

(5) La chaussée a été refaite en porphyre.

Suite du tableau n° 5.

DÉSIGNATION des voies empierrées.	LONGUEURS.	SURFACES.	Fréquentation moyenne et journalière en colliers.	Quantités de matériaux employés par voie.	Prix moyen des matériaux employés.	DÉPENSE en matériaux.	DÉPENSE en main-d'œuvre.	Dépense totale par voie.	Consommation de matériaux par kilomètre et 100 colliers.	Dépense en matériaux et main-d'œuvre par kilomètre et 100 colliers.	OBSERVATIONS.
Rue royale Saint-Honoré	442	4 954	17 938	580	18.49	10 728	6 877	17 605	7.32	222.04	(1)
Quais de Billy et de la Conférence	2 472	37 449	3 756	3 724	17.83	66 435	32 216	99 651	40.11	1 073.26	(2)
Boulevard de l'Hôpital	237	1 503	9 871	267	32.99	8 810	2 013	10 823	11.41	462.64	
Rue de Bourgogne	135	1 287	5 306	132	30.43	4 018	1 638	5 656	18.42	789.75	(3)
Rues de Varennes et de Grenelle	243	1 733	2 496	104	19.97	2 077	1 185	3 262	17.14	537.81	
Avenue et place Saint-André-des-Arts	56	1 557	3 442	101	19.37	1 957	1 253	3 210	52.39	1 665.31	(4)
Rue des Écoles	625	5 560	2 226	124	19.23	2 385	1 687	4 072	8.91	292.68	
Rue de Rennes	483	6 348	5 484	429	28.17	12 085	5 286	17 371	16.19	655.81	
Rue du Faubourg-Saint-Jacques	632	4 522	1 650	367	16.61	6 108	1 300	7 408	35.19	710.40	(5)
Rue d'Enfer	407	2 275	5 212	350	8.21	2 875	1 620	4 495	16.35	211.90	
Place de l'Hôtel-de-Ville	320	4 967	3 190	467	9.67	4 518	3 496	8 014	45.75	785.07	
Rue de Lille	190	912	2 200	26	31.29	813	481	1 294	6.23	309.57	
Rue de la Sorbonne	152	840	2 500	19	6.52	124	662	786	5.00	206.84	
Rue des Saints-Pères	205	984	5 121	147	19.16	2 817	1 262	4 079	14.00	388.55	

(1) Le milieu seul de la chaussée est empierré; il y a de larges accotements pavés qui reçoivent une partie de la circulation.
(2) Le chemin de fer américain, qui suit ces quais, y rend l'entretien difficile.
(3) Voie peu aérée et étroite.
(4) Voie très-fatiguée par la station d'omnibus qui y existe. Situation exceptionnelle.
(5) Voie étroite et peu aérée.

Suite du tableau n° 5.

DÉSIGNATION des voies empierrées.	LONGUEURS.	SURFACES.	Fréquentation moyenne et journalière en colliers.	Quantités de matériaux employés par voie.	Prix moyen des matériaux employés.	DÉPENSE en matériaux.	DÉPENSE en main-d'œuvre.	Dépense totale par voie.	Consommation de matériaux par kilomètre et 100 colliers.	Dépense en matériaux et main-d'œuvre par kilomètre et 100 colliers.	OBSERVATIONS.
Rue de Rivoli (2e partie), de la rue Saint-Denis à la rue Saint-Antoine.	1 176	12 716	11 325	2 415	25.99	62 775	20 269	83 044	18.83	623.54	(1)
Rue Saint-Antoine.	563	7 33[illegible]	9 643	1 445	22.81	32 964	11 576	44 540	24.77	820.41	(2)
Place de la Bastille.	269	7 302	14 836	1 154	21.86	25 226	7 034	32 260	28.89	808.34	(2)
Rue du Faubourg Saint-Antoine.	2 002	24 582	5 911	1 532	23.63	36 210	16 994	53 204	12.95	419.58	
Rue Saint-Denis.	220	2 991	5 712	228	19.62	4 474	2 142	6 916	18.14	550.35	
Avenue Victoria.	382	4 378	4 842	374	14.59	5 464	4 028	9 492	20.22	513.18	
Rue Saint-Martin.	246	2 690	4 310	219	19.09	4 182	3 455	7 637	20.66	720.29	
Rue Lafayette.	922	5 779	4 640	1 244	19.91	24 770	10 306	35 076	29.08	819.90	
Place Dauphine.	68	1 597	3 176	157	19.01	2 975	1 237	4 212	72.65	1 950.29	(3)
Rues de Bellechasse et de Poitiers.	181	2 169	1 100	45	30.04	1 352	1 576	2 928	22.60	1 470.62	(4)
Boulevard Magenta et annexes.	1 573	18 888	6 619	1 260	18.33	23 105	12 020	35 125	12.10	337.36	
Boulevard de Sébastopol, entre la place du Châtelet et le boulevard Saint-Denis (année 1858). Boulevard de Strasbourg et rue de Strasbourg.	2 439	25 966	11 163	6 550	23.69	155 190	48 381	203 571	24.06	747.69	(5)
Boulevard Saint-Michel.	1 039	10 837	9 359	1 675	16.34	27 374	12 669	40 043	17.22	411.79	

(1) Entretien normal.
(2) Cette voie est devenue plus fréquentée par les omnibus et les lourdes voitures.
(3) Circulation exceptionnelle due à la station d'omnibus qui est sur cette place.
(4) Rues étroites et mal aérées.
(5) Cette ligne est devenue excessivement fatiguée par les voitures de marchandise des chemins de fer de l'Est et du Nord, et l'entretien en est fort difficile.

Suite du tableau n° 5.

DÉSIGNATION des voies empierrées.	LONGUEURS.	SURFACES.	Fréquentation moyenne et journalière en colliers.	Quantités de matériaux employés par voie.	Prix moyen des matériaux employés.	DÉPENSE en matériaux.	DÉPENSE en main-d'œuvre.	Dépense totale par voie.	Consommation de matériaux par kilomètre et 100 colliers.	Dépense en matériaux et main-d'œuvre par kilomètre et 100 colliers.	OBSERVATIONS.
Boulevard Saint-Germain.	549	10 729	3 538	672	18.20	12 231	7 293	19 524	34.58	1 005.11	(1)
Boulevard des Invalides.	308	3 830	2 000	210	18.86	3 861	3 304	6 165	34.09	1 000.81	(2)
Boulevard d'Enfer.	277	1 326	3 692	140	11.07	1 550	1 531	3 081	13.69	301.26	
Boulevard Bourdon.	634	5 075	2 268	570	15.59	8 891	4 602	13 493	39.61	938.37	
Rue de Rivoli (1re partie), de la place de la Concorde à la rue Saint-Denis.	1 917	23 602	13 889	3 313	30.47	100 952	30 488	131 440	12.44	493.66	
Quais de la rive droite (1re partie), entre la place de la Concorde et la place du Châtelet.	2 135	28 182	5 388	1 620	19.77	32 045	19 707	51 752	14.09	449.89	(3)
Quais de la rive droite (2e partie), entre la place du Châtelet et la rue du Pont Louis-Philippe.	770	11 664	3 631	793	19.02	15 086	9 964	25 050	28.36	895.96	(4)
Pont Notre-Dame.	124	1 364	5 568	170	30.16	5 128	1 747	6 875	24.62	995.75	(5)
Petit-Pont et Place.	114	1 352	4 429	116	30.54	3 543	1 772	5 315	22.97	1 052.67	(6)
Pont Neuf.	307	4 579	11 183	496	29.42	14 594	4 890	19 484	14.45	567.53	
Pont du Carrousel.	200	1 178	7 591	169	30.69	5 187	1 632	6 819	10.57	426.67	

(1) Voie très-fatiguée de 1860 à 1865 par les constructions qui s'y sont élevées.
(2) Cette voie n'est fréquentée que par de lourdes voitures.
(3) Les revers pavés ont été élargis depuis 1860.
(4) Voies fatiguées par la reconstruction du Louvre.
(5) Chaussée en meulière convertie en porphyre.
(6) Rechargement fait en 1859 en quartzite auquel on a dû substituer le porphyre.

Suite du tableau n° 5.

DÉSIGNATION des voies empierrées.	LONGUEURS.	SURFACES.	Fréquentation moyenne et journalière en colliers.	Quantités de matériaux employés par voie.	Prix moyen des matériaux employés.	DÉPENSE en matériaux.	DÉPENSE en main-d'œuvre.	Dépense totale par voie.	Consommation de matériaux par kilomètre et 100 colliers.	Dépense en matériaux et main-d'œuvre par kilomètre et 100 colliers.	OBSERVATIONS.
Pont Royal.	165	1 884	8 940	196	29.29	5 742	2 238	7 980	13.29	540.95	
Boulevards de la Madeleine et des Capucines (1re section).	556	9 091	16 399	1 598	17.86	28 535	13 232	41 767	17.52	458.08	
Boulevards des Italiens, Montmartre, Poissonnière et Bonne-Nouvelle (2e section).	1 543	21 072	25 925	3 009	29.33	88 267	27 276	115 543	7.52	288.84	
Boulevards Saint-Denis, Saint-Martin et du Temple (3e section).	1 453	21 407	15 608	4 778	21.82	104 260	27 888	132 148	21.07	582.74	
Boulevards Beaumarchais et des Filles-du-Calvaire (4e section).	1 028	14 820	7 010	2 150	19.84	42 667	14 837	57 504	29.83	797.97	(1)
Rue de Médicis.	186	1 211	3 089	54	14.67	792	911	1 703	9.39	296.40	(2)
Pont de l'Alma.	161	1 731	2 694	162	17.50	2 835	2 238	5 075	37.35	1 170.07	(3)
Boulevard du Palais (ancienne rue de la Barillerie).	225	2 750	8 463	572	24.32	12 853	4 790	17 643	30.04	926.53	(4)
Rue de Lyon.	460	3 129	8 070	404	29.34	11 855	2 615	14 470	10.88	389.95	
Boulevard du Prince-Eugène.	2 013	15 475	4 427	541	19.55	10 579	13 038	23 617	6.07	265.01	(5)
Boulevard Richard-Lenoir.	2 835	13 976	3 696	1 598	17.05	28 252	12 534	40 786	15.26	389.25	(6)
Pont de Solférino.	155	8 280	3 737	53	30.60	1 622	1 219	2 841	9.15	490.47	

(1) Chaussées fatiguées par beaucoup de démolitions et reconstructions faites dans le voisinage.
(2) Moyenne de quatre années.
(3) Moyenne de trois années. Des tranchées ont été faites dans cette chaussée.
(4) Cette voie remplace la rue de la Barillerie, mais les conditions de son entretien sont tout autres ; elle a été très-fatiguée par la construction du tribunal de commerce.
(5) Moyenne de quatre années pour la partie haute. *Idem* de 1864 pour la partie basse.
(6) Moyenne de deux années pour la partie basse. *Idem* de 1864 pour l'autre partie.

Les tableaux 4 et 5 qui précèdent font voir que si, au premier aperçu, les dépenses de l'entretien des voies empierrées de Paris paraissent excessives, ces dépenses n'ont cependant, eu égard à la grande fréquentation des voies, rien d'exagéré et hors de proportion avec celles des autres voies empierrées de l'empire.

Dans son remarquable mémoire sur l'usure des matériaux des chaussées et d'empierrement, publié dans les *Annales des Ponts et Chaussées*, M. l'inspecteur général Dupuit évalue à 55 mètres cubes cette usure par kilomètre et 100 colliers. M. Muntz, dans une note publiée la même année, indique également des chiffres variant entre 50 et 55 mètres cubes pour l'usure par kilomètre et 100 colliers sur les routes des environs de Strasbourg, et sur ces routes, comme sur celles de Maine-et-Loire, qui avaient été l'objet des observations de M. Dupuit, les matériaux sont d'excellente qualité. Enfin, dans la circulaire du 6 juin 1850, l'administration a admis 40 mètres cubes comme représentant l'usure moyenne par kilomètre et 100 colliers; or, il résulte du tableau ci-joint que cette moyenne n'a été que rarement atteinte sur les voies de Paris, et que, sur la plupart, l'usure a été beaucoup au-dessous. L'usure moyenne, sur toutes ces voies, ne dépasse pas 25 mètres cubes.

La dépense en matériaux est donc loin d'être exagérée, et, quant aux dépenses de main-d'œuvre, si on considère le prix élevé des journées d'ouvriers ($3^{f}.50$ environ, en moyenne), et les pertes de temps qui résultent, pour ces ouvriers, de l'active circulation qui existe sur la plupart des voies où ils travaillent, on reconnaîtra que le prix de $0^{f},90$ qui résulte du tableau n° 3 n'a aussi rien d'excessif.

On sait que l'administration a admis (circulaire du 6 juin 1850) que la main-d'œuvre, sur les voies empierrées, est moyennement de deux journées par mètre cube de matériaux employés; or le cube total employé à Paris étant de 68.000 mètres cubes, la dépense de main-d'œuvre de

675.400 francs, la dépense en main-d'œuvre n'est que de 9f.85 par mètre cube, ce qui, au prix de 3f.50, ne représente que 2j.83. Cette augmentation de 0j.83 sur la moyenne admise est bien justifiée par la difficulté exceptionnelle de l'entretien des voies de Paris, et les soins tout particuliers qu'exige leur nettoiement.

Extrait des *Annales des Ponts et Chaussées*, tome X, 1865

Paris. — Imprimé par E. Thunot et Ce, 26, rue Racine.

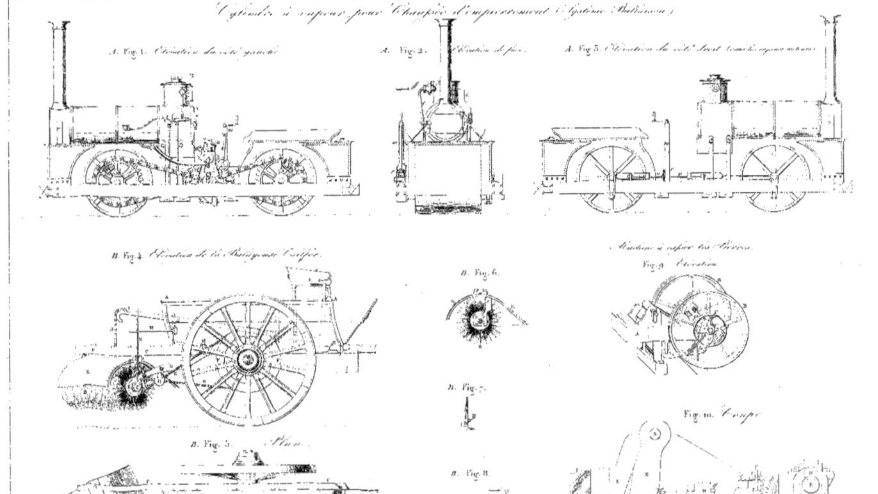

 Gravé par Wulff.

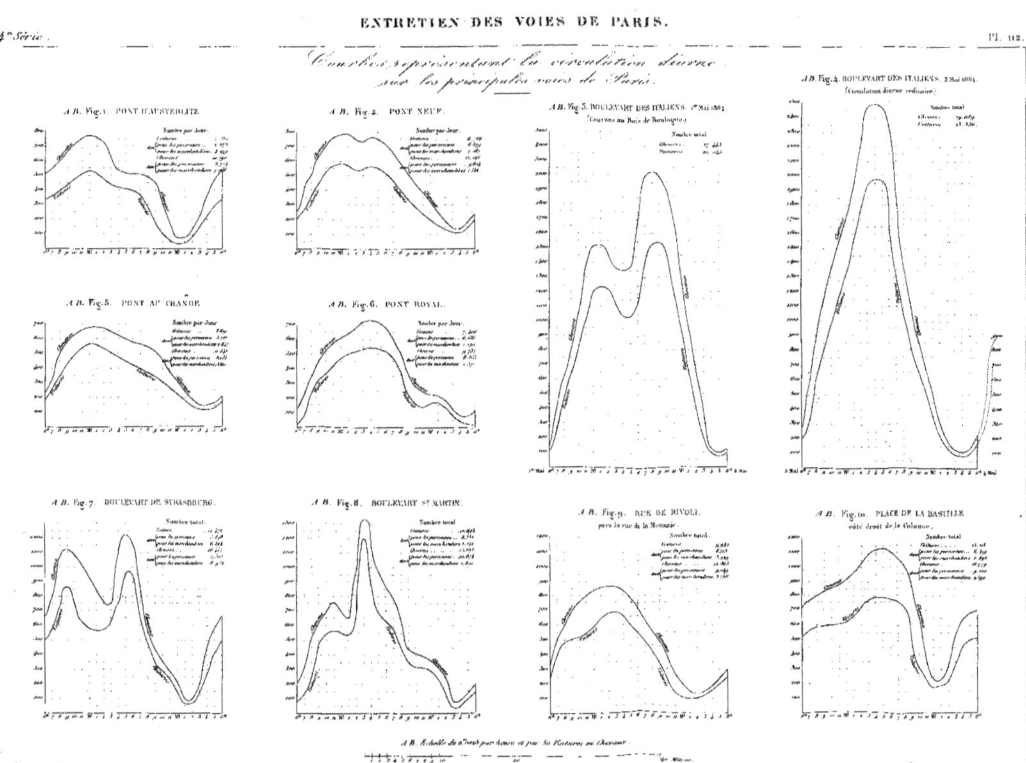
Courbes représentant la circulation diurne sur les principales voies de Paris.
A.B. Fig. 1. PONT D'AUSTERLITZ
A.B. Fig. 2. PONT NEUF
A.B. Fig. 3. BOULEVART DES ITALIENS.
(Courses au Bois de Boulogne.)
A.B. Fig. 4. BOULEVART DES ITALIENS.
(Circulation diurne ordinaire)
A.B. Fig. 5. PONT AU CHANGE
A.B. Fig. 6. PONT ROYAL
A.B. Fig. 7. BOULEVART DE STRASBOURG
A.B. Fig. 8. BOULEVART St MARTIN
A.B. Fig. 9. RUE DE RIVOLI
près la rue de la Monnaie
A.B. Fig. 10. PLACE DE LA BASTILLE
côté droit de la Colonne
Nombre total
A.B. Échelle de 0m.002 par heure et par 50 Voitures ou Chevaux

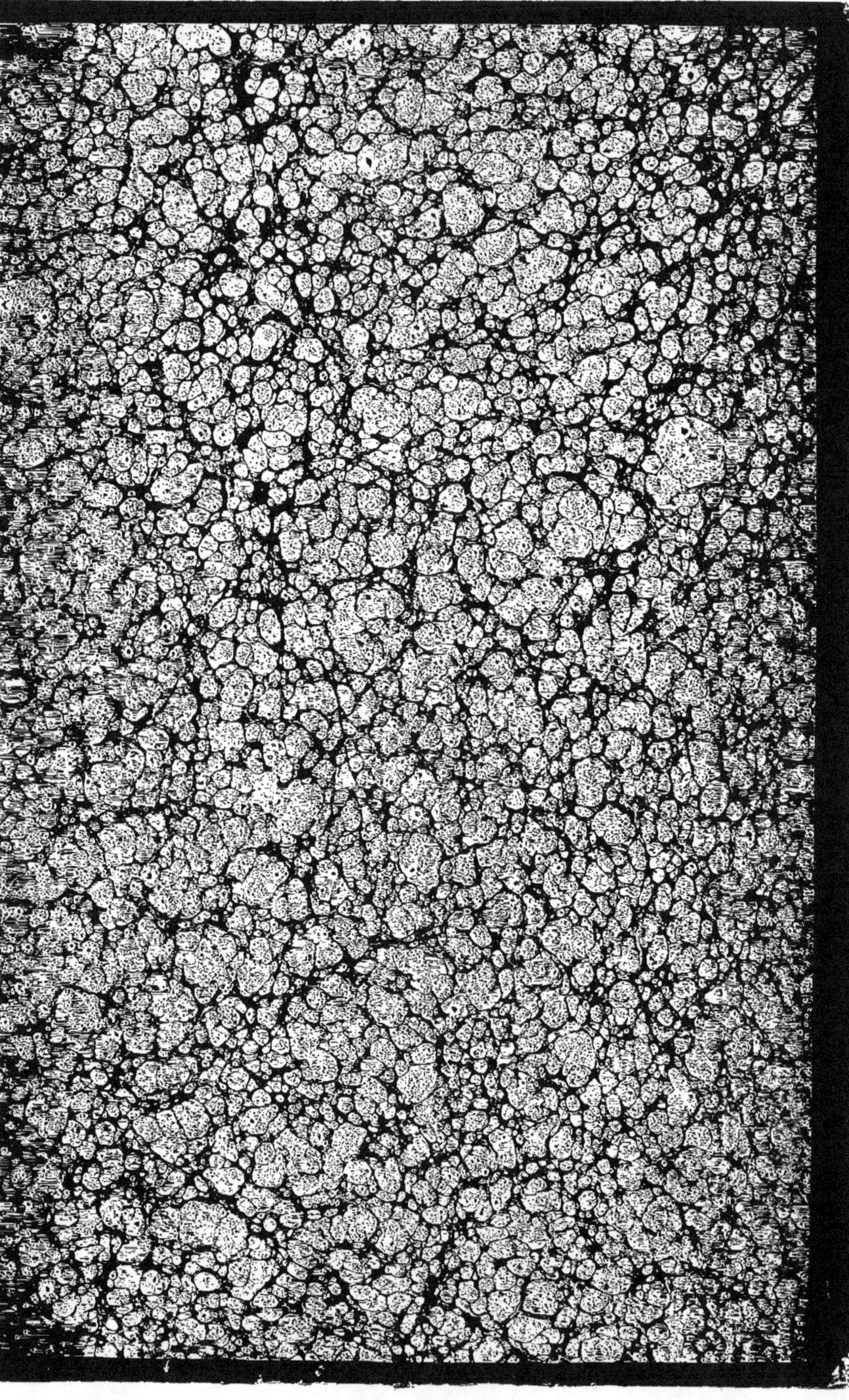

BIBLIOTHEQUE NATIONALE DE FRANCE
3 7531 04324586 0

www.ingramcontent.com/pod-product-compliance
Lightning Source LLC
LaVergne TN
LVHW020352230826

846091LV00003B/1069

* 9 7 8 2 0 1 3 6 8 7 0 3 4 *